Franz Xaver Brandmayr

Heilige sind auch nur Menschen

Franz Xaver Brandmayr

Heilige sind auch nur Menschen

Lebensgeschichten, die Mut machen

Mit 28 Abbildungen

Langen Müller

Bildnachweis:

Bischöfliches Ordinariat Eisenstadt, Eisenstadt 140, 143 – Fondazione Benedetta Bianchi Porro, Forlí 192, 197, 201 – Gebets- und Freundeskreis Gianna Beretta Molla, Uznach 161, 163 – Katholische Nachrichtenagentur, Bonn 99, 157 – Menschwerdungskloster zu Avila, Avila 117 – Privatarchiv Paolino Beltrame Quattrocchi, Rom 168, 175 – Privatarchiv Franz Xaver Brandmayr, Wien 51, 52, 53, 205, 208, 211 – Privatarchiv Otto von Habsburg, Pöcking 127, 133 – Provinzialat des Unbeschuhten Karmeliten, München 49 – Real Academia de la Lengua, Madrid 84 – Soprintendenza B.A.S. di Bologna, Bologna 63 – Zentralbibliothek Zürich, Zürich 31

Rechteinhaber von Bildern, die nicht geltend gemacht werden konnten, werden gebeten, sich wegen eventueller Ansprüche an den Langen Müller Verlag zu wenden.

Mit Druckerlaubnis des Erzbischöflichen Ordinariates Wien vom 15. Jänner 2004, Zl. K54/04, Generalvikar Mag. Franz Schuster.

Besuchen Sie uns im Internet unter:
http://www.langen-mueller-verlag.de

Umschlaggestaltung: Wolfgang Heinzel
Umschlagfoto: Deckenfresko Andrea Pozzos
in der Kirche S. Ignazio, Rom
Herstellung und Satz: VerlagsService Dr. Helmut Neuberger
& Karl Schaumann GmbH, Heimstetten
Gesetzt aus der 11/15 Punkt ITC-Garamond
Druck und Binden: GGP Media, Pößneck
Printed in Germany
ISBN 3-7844-2955-6

Meinen Eltern

Inhalt

Kapitel I

Ich doch nicht!

»Willst Du ein Heiliger werden?«, fragte mich vor etlichen Jahren ein guter Freund und Studienkollege.

»Nein, wirklich nicht!«, antwortete ich spontan. Ich studierte damals Philosophie als Vorbereitung zur Theologie und im Weiteren zur Priesterweihe, aber den Gedanken, ein Heiliger werden zu wollen, hielt ich für erschreckend bis anmaßend.

»Solltest Du aber ...«, erwiderte mein Freund – gar nicht schnippisch oder moralisierend.

Jahre später – ich war längst zum Priester geweiht – machte es sich eine alte Freundin zur unangenehmen Angewohnheit, mich als »heiligen Herrn« zu benennen (bis ihr Chef sie dankenswerterweise aufforderte, das doch tunlichst zu unterlassen).

Eine solche Bezeichnung wäre wohl niemandem angenehm. Aber warum eigentlich? Jenem Freund, dem ich damals prompt mit »Nein« geantwortet hatte, stimme ich heute durchaus zu. Er hat Recht, wir sollten alle Heilige werden wollen. Unangenehm bleibt aber der Gedanke an die zahlreichen Mühen und Belastungen, die ein solcher Weg wohl unvermeidbar mit sich bringt.

Das kann aber nicht das Störende an der Betitelung gewesen sein. Die klang ja so, als wäre der Weg schon geschafft. Ärgerte mich der ironische Hinweis, der natürlich auch in dem Ausdruck steckt, dass ich es eben noch nicht geschafft habe? Das Bewusstsein der Diskrepanz gegenüber dem Ideal ist zwar immer wieder schmerzlich; aber ich bin selbstironisch genug, um darüber lächeln zu können.

Geärgert hat mich vor allem, dass mich diese Bezeichnung in einen absonderlichen Bereich verwies – ins Heilige, Unverständliche, Merkwürdige oder gar etwas Verrückte. Heilige werden gemeinhin als merkwürdige Gestalten gesehen, übermenschlich und heroisch vielleicht, extrem in ihrer Lebensführung, jedenfalls aber sonderbar und fern jeder Norm.

Der heilige Clemens Maria Hofbauer scheint in einer Geschichte, die man sich von ihm erzählt, dieses »Heiligen-Bild« vor Augen gehabt zu haben: Eine Dame habe ihm im Beichtstuhl gesagt, sie hätte gar keine Sünden. Worauf Clemens Maria Hofbauer die Beichtstuhltür öffnete und dem in der Kirche arbeitenden Sakristan zurief: »Nimm diese Dame, stell' sie auf den Sockel dort und staub' sie jede Woche ab – denn das ist ja eine Heilige!« (Die Dame verklagte den guten Pater Clemens Maria übrigens wegen Bruch des Beichtgeheimnisses beim Bischof. Der Klage wurde nicht stattgegeben, da es ja keine Beichte sein kann, wenn man nichts zu beichten hat ...)

Der heilige Clemens Maria hat das herkömmliche Bild vom Heiligen hier selbst ironisch gebraucht. Er selbst hat sich bemüht, ein heiligmäßiges Leben zu führen – und hat sein Ziel auch erreicht. Doch wäre es ihm nie eingefallen, sich ohne Fehler zu wähnen und sich aufs Podest zu stellen, sich von den Menschen abzusondern und sich über sie zu erheben.

Woher kommt denn dieses befremdende Heiligen-Bild? Da spielt wohl eine ganze Menge von Legenden und Darstellungen eine prägende Rolle: romanhafte Heroenschilderungen, verzückt-verrückte oder fade Gesichter, ungebrochene Heiligkeit von Kindheit an (gleichsam mit weihrauchduftenden Windeln) oder hochdramatische Bekehrungserlebnisse – alles weit jenseits eines normalen menschlichen Lebens.

Kein Wunder, dass regelmäßig wieder der Vorwurf erhoben wird, die Heiligen seien in der katholischen Kirche nur ein Ersatz für die vielfältigen Gottheiten, die der Mensch doch immer wieder suche. Da aber neben dem einen und einzigen Gott kein Platz für andere Götter sei, habe man sie zu Heiligen degradiert, die den himmlischen Hofstaat bilden und göttliche Funktionen der Vermittlung, Hilfe und besonderen Patronanz zu übernehmen haben (auch wenn sie charakterlich und moralisch besser als die antiken Götter wegkommen).

Mit der Vorstellung von Göttern dürfte das beängstigende Heiligen-Bild tatsächlich einiges zu tun haben: Der Bereich des Göttlichen, das Numinose, war schlicht unergründlich, unberechenbar und dubios, aber mächtig und wirksam. Daher galt es, sich diese Kräfte möglichst gewogen zu machen oder sie zumindest in Grenzen zu halten.

Es war eine Leistung der Römer, den Göttern einen abgesonderten Bereich zuzuweisen und alles Übrige nach vernünftigen menschlichen Prinzipien zu ordnen. Der Bereich des Sakralen wurde abgetrennt, abgeschnitten (das ist die ursprüngliche Bedeutung des lateinischen Wortes *sacrum*). Dort sollten die Götter ihre Willkür ausleben können und ihre Bedürfnisse erfüllt bekommen. Dafür hatten sie aber den Bereich außerhalb des »Heiligen« in Ruhe zu lassen und der menschlichen Ordnung anheim zu stellen. Die angstvolle Ausgesetztheit wurde durch Trennung der Kompetenzen überwunden.

Das Göttliche machte wegen seiner Launenhaftigkeit Angst, die Absonderung verschaffte eine berechenbare Geborgenheit. Es brauchte nun zwar auch Menschen, die im Inneren des sakralen Bereiches tätig waren, aber die musste man tunlichst ebenso ausgrenzen, damit sie nicht Träger einer neuen Willkürherrschaft wurden. Mit der Regelung und Gestaltung des Alltagslebens sollten sie nichts zu tun haben.

Hier zeigt sich auch, weshalb das Christentum mit dem römischen Staat in einen grundsätzlichen Konflikt kommen musste: Ein Gott, der sich nicht abgrenzen, durch ein paar Tempel und Opfer zufrieden stellen, in die Reihe der übrigen Götter einordnen und somit ausgrenzen ließ, sondern der einzig, allmächtig und allgegenwärtig sein sollte, bedrohte die mühsam gewonnenen freien Bereiche. Daher durfte unter römischer Herrschaft jeder seine eigenen Götter behalten. (Und die Römer, die sich's mit den Göttern auf jeden Fall kontrolliert gut stellen wollten, übernahmen sogar eine Menge fremder Götter in ihren »Himmel«.) Aber unbedingt musste dem Kaiser geopfert werden – gar nicht deshalb, weil auch er ein Gott gewesen ist, sondern weil er das Prinzip der Eigenständigkeit des Staates gegenüber göttlichem Einfluss repräsentierte.

Dieser Gott, der als Bedrohung gesehen wurde, hatte aber den Menschen frei geschaffen und seine Schöpfung der menschlichen Freiheit anvertraut. Ja, er war sogar selbst Mensch geworden und hatte sich so der menschlichen Freiheit unterworfen – selbst dort, wo sie sich verirrte und versagte. Und auf diese Weise hat er die Menschen aus der Verfangenheit in ihr Versagen erlöst und ihnen eine neue Freiheit geschenkt.

Dieser Gott ist zwar nicht berechenbar und manipulierbar, aber er ist verlässlich. Er handelt nicht aus Willkür, sondern aus unendlicher Liebe.

Dieser göttlichen Liebe soll kein Bereich der Welt entzogen werden. Sie heilt und lässt ganz werden – sie macht heilig.

Heilige sind Menschen, die sich der Liebe Gottes anvertrauen, in ihr leben und aus ihr zu handeln versuchen. Wer sich an einem Gott orientiert, der Mensch geworden ist und sich ganz ins menschliche Leben eingelebt hat, der kann sich nicht gegen diese Welt absondern und sich von ihr abheben.

Aber sind nicht eine große Zahl von Heiligen Mönche und Nonnen, Einsiedler und Eremiten, die sich demonstrativ von der »bösen Welt« abgesondert haben und nur mehr für sich (und Gott) gelebt haben? Wird da nicht doch wieder eine Gegenwelt aufgerichtet – von der aus auch noch die normale Welt beherrscht werden soll? (Man denke nur an die mittelalterlichen Machtkämpfe zwischen Papst und Kaiser, in denen es um nicht weniger als um die Weltherrschaft ging.)

Immer wieder wird Kritik daran laut, dass ein Klaus von der Flüe heilig gesprochen wurde. Ein Mann, der seine Frau und Kinder verließ, um als Einsiedler (in deren Nähe!) zu leben, und nie mehr zu ihnen zurückkehrte. So etwas wäre nicht nur verrückt, sondern schlicht pflichtvergessen und unverantwortlich.

Gerade das Beispiel des Klaus von der Flüe zeigt, dass selbst der christliche Einsiedler nie für sich alleine lebt, sondern in seiner Beziehung zu Gott immer auch (und zwar konkret) für die Welt da ist. Klaus wurde zum weitum gesuchten Ratgeber und Friedensstifter. Er hat seine Heimat, die Schweiz, durch seine Vermittlung in schier aussichtsloser Lage vor einem verheerenden Bürgerkrieg bewahrt und durch seinen Ratschlag eine über Jahrhunderte währende Friedensordnung begründet.

Die Kirche hat übrigens niemanden unter die Schar ihrer Heiligen und Seligen gereiht, der sich aus bloßer Flucht vor der Welt oder Bequemlichkeit zurückgezogen hat. Solche hat es immer gegeben, sie folgen aber nicht dem Beispiel Christi, der selbst in seiner Einsamkeit die Menschen in sein Gebet hineingenommen hat und so immer für sie da ist. Da sein für andere – das gehört zu den wesentlichen Charakteristika eines Heiligen.

Es kommt immer wieder vor, dass Menschen behaupten, besondere innere Erfahrungen der Nähe Gottes zu erleben, von ihm in spezieller Weise angesprochen worden zu sein. Ob es sich dabei um echte mystische Erfahrungen handelt, ist meist nicht einfach festzustellen. Es bedarf oft einer eingehenden Prüfung. Im 16. Jahrhundert wurden der heilige Ignatius von Loyola und der heilige Philipp Neri einmal damit beauftragt zu beurteilen, was es denn mit den behaupteten mystischen Erfahrungen einer bestimmten Nonne auf sich habe.

Ignatius ist – nicht zuletzt aufgrund eigener aufwühlender Erfahrungen – ein großer Kenner der menschlichen Seele gewesen und hat ein fein differenziertes System zur Unterscheidung der inneren Regungen entwickelt. Er soll die Frau eingehend geprüft haben und sei nach langem Erwägen zu einem eher skeptischen Urteil gekommen.

Philipp Neri hingegen bat die Nonne, ihm, dem alten, kränkelnden Mann, aus seinen schlammigen Stiefeln zu helfen. Das hatte diese entrüstet zurückgewiesen, da sie eine Mystikerin sei und kein Stiefelknecht. Damit war für den heiligen Philipp die Prüfung auch schon beendet. Eine solche Reaktion hatte nichts mit echter Gottesbegegnung zu tun, sondern bestenfalls mit überreizter Fantasie, wenn nicht gar mit Betrug. Die Einschätzung Philipp Neris erwies sich denn auch bald als zutreffend.

Wer sich zu gut ist, jemand anderem zu helfen, bringt gewiss niemandem die menschenfreundliche Liebe Gottes näher. Gerade im Alltäglichen erweist sich das Heilige.

Kann denn jemand ein Heiliger werden, der nur ein ordentliches Allerweltsleben führt? Ja und nein.

Ja, weil sich die Heiligkeit eines Lebens nicht an spektakulären Ereignissen, an Exaltationen und Ekstasen misst. Ja, weil Gott jedes Leben heilig ist und jedes menschliche Leben zur Heiligkeit gerufen ist. Ja, weil es so viele Wege zur Heiligkeit gibt, als da Menschen sind.

Nein, weil Heiligkeit natürlich etwas Besonderes ist. Nein, weil sie nicht bloß aus eigener Leistung erreicht werden kann. Nein, weil mit Heiligkeit keine bieder-beschauliche Selbstbeschränkung gemeint ist.

Es geht um das ganz Besondere im ganz Alltäglichen. Von dem Alltäglichen ist aber wenig zu merken bei den feierlich-pompösen Selig- und Heiligsprechungszeremonien, die der Papst in Rom und bei seinen Reisen auf der ganzen Welt abhält. Da wird jemand »zur Ehre der Altäre erhoben«. Alleine der Ausdruck belegt ja schon, dass hier ein paar ganz Besondere abgehoben von der Welt über die anderen gestellt werden – als mythische Helden und ferne Heroen. Letztlich doch unerreichbare Idealbilder …?

Im Verfahren, das der Seligsprechung vorangeht, müssen entweder das Martyrium – also der gewaltsame Tod um des Glaubens willen – oder der »heroische Tugendgrad« und ein Wunder amtlich festgestellt werden. Wenn das keine außerordentlichen, ganz und gar nicht alltäglichen Bedingungen sind ...

Tatsächlich war diese Vorstellung über lange Zeiten auch innerhalb der Kirche vorherrschend (und ist wohl heute noch nicht ganz überwunden). In der Cappella Sistina von S. Maria Maggiore in Rom ist jener Papst bestattet, der sie errichten ließ und nach dem sie benannt ist: Sixtus V. – ein entschlossener, tatkräftiger bis gewalttätiger Mann, der in den nur fünf Jahren seiner Amtszeit Rom eine neue Entwicklungsrichtung gab. Er befreite die Stadt vom Würgegriff der umliegenden Räuberbanden (was an die 8000 Briganten das Leben gekostet haben soll). Er ließ die Reste einiger grandioser antiker Bauten abreißen und weiterverwerten, andere römische Denkmäler aber retten und restaurieren. Er ließ die Kuppel des Petersdoms fertig stellen, die Vatikanische Bibliothek errichten, die großen Obelisken aufstellen, etwa 20 km neue Straßen anlegen und die erste neue Wasserleitung seit der Antike in die Stadt führen. Er setzte eine allgemeine Entschuldung durch, reformierte die römische Kurie (die päpstliche Zentralverwaltung) und übersetzte daneben noch die Heilige Schrift (ins Lateinische).

Seine Taten hat Sixtus auf seinem Grabmal verewigen lassen – da sind z. B. auch die abgeschlagenen

Köpfe der Räuber dargestellt ... Ein eigenes Relief am Triumphbogen des Grabdenkmals ist einem ganz besonderen Ereignis seines Pontifikats gewidmet: die Heiligsprechung des heiligen Diego. Es war die erste Heiligsprechung seit über 60 Jahren!

Und heute folgt eine Selig- oder Heiligsprechung auf die nächste. Man kann keinen Überblick mehr wahren angesichts dieser enormen Schar neuer Heiliger und Seliger. Papst Johannes Paul II. hat mehr Menschen zur Ehre der Altäre erhoben als alle seine Vorgänger: 477 neue Heilige und 1318 neue Selige in 25 Jahren!

Ist unsere Zeit so viel »heiliger« als andere Epochen? (Man hat doch eher den Eindruck des Gegenteils.) Die neu ernannten Heiligen stammen aus verschiedenen Jahrhunderten, wenn auch verstärkt aus neuer und neuerer Zeit.

Oder sind etwa die »Zulassungsbedingungen« erleichtert worden? Nein, immer noch werden Martyrium oder heroischer Tugendgrad und Wunder genau geprüft. Ab dem 12. Jahrhundert wurde ein eigenes kirchenrechtliches Verfahren entwickelt, das Leben, Wirken und Nachwirkungen eines potenziellen Heiligen prüft.

Die vielen Selig- und Heiligsprechungen Papst Johannes Paul II. sind oft belächelt oder kritisiert worden. Möglicherweise aber werden sie das kirchliche Leben nachhaltiger prägen als alle anderen Entscheidungen und Maßnahmen dieses Pontifikats.

»Habt den Mut, die Heiligen des dritten Jahrtausends zu werden!«, rief der Papst den über zwei Millionen Jugendlichen zu, die im Heiligen Jahr 2000 zum großen Welttreffen der Jugend nach Rom gekommen waren. Mut machen – das wollen die zahlreichen Selig- und Heiligsprechungen. Mut machen – das bewirken Heilige mit ihrem Leben. Mut zum Mitmachen – mit Gott.

Das Christentum ist keine »Ohne mich!«-Bewegung, kein resignierender Abschied von der Welt – ganz im Gegenteil! Wir Christen glauben an Gott, der sich in diese Welt hineingeschenkt hat und selbst Mensch geworden ist – und der uns zutraut und zumutet, seinem Beispiel zu folgen. »Mach' es wie Gott – werde Mensch!«, lautet die Parole.

Heilige sind Menschen, die Gott vertrauen, sich und ihr Leben ihm anvertrauen und aus diesem Vertrauen zu handeln wagen.

Das ist schon etwas ganz Besonderes, aber es kann sich im Alltag eines jeden ereignen. Das Leben jedes Menschen soll zu Gott führen – und jeder Mensch, dessen Leben sich in Gott vollendet, der »in den Himmel kommt«, ist ein Heiliger. Daher gibt es eine unübersehbare Zahl unbekannter, verborgener Heiliger.

Wer könnte denn keinen Menschen nennen, dessen Leben er als geglückt und vollendet betrachtet – wobei dieses Leben in keinem Fall ein leichtes und kaum je ein äußerlich strahlendes gewesen sein wird. Gerade von solchen Menschen ist unser Leben oft geprägt und immer wieder angespornt. Die Kirche feiert ein eigenes großes Fest zur Erinnerung an all die verborgenen oder gar unbekannten Heiligen: Allerheiligen.

Einige von denen haben sich ganz besonders ins allgemeine Bewusstsein eingeprägt und daher besonders ermutigend und anspornend gewirkt. Die Erinnerung an sie, das Empfinden einer besonderen Verbundenheit mit ihnen und die Erfahrung ihrer Zuwendung und Hilfe wurde zu einer dauernden Verehrung. Menschen, deren Leben einem etwas für das eigene Leben mit Gott zu sagen hatte, betrachtet man als Heilige.

Aus der unendlichen Vielfalt der Liebe Gottes bringt uns jeder Heilige einige Züge anschaulich und spürbar nahe. Züge, in denen wir uns mitunter wiedererkennen dürfen. Jeder Heilige hat aber auch Züge, die nicht so göttlich sind: Versagen und Schuld, Ängste und innere Leere, Verwirrung und mitunter gar schiere Verzweiflung. Züge, die wir selbst gelegentlich in uns wiederfinden. Auch sie sind Teil des Lebens – eines Lebens, das dann insgesamt als heilig empfunden wird.

Gerade mit ihren Schwierigkeiten bringen uns die Heiligen einen wichtigen Aspekt des Lebens mit Gott, ja Gott selber näher: Wir erlösen uns nicht selbst. Aber Gott stülpt uns die Erlösung nicht einfach über. Er hilft uns (und setzt dafür sein Leben ein), aber mutet uns auch zu, in Freiheit und Verantwortung unseren Weg mit ihm zu gehen – wir können leben wie er.

Das ist ja das große Drama Gottes mit uns Menschen: dass wir ihm immer wieder misstrauen, ob er es denn wirklich gut mit uns meint – und ob er uns nicht letztlich doch überfordert. Das ist der menschliche Urverdacht – die Wurzel des Bösen –, und in diesem Misstrauen entwickelt sich die Geschichte menschlichen Versagens. Die Erzählung von Adam und Eva führt uns das bildhaft vor Augen.

Da wird Gott Mensch und lässt sich alles antun, ohne sich zornig zu rächen – aber immer noch keimt der alte Urverdacht.

Da lässt sich Gott ganz ins menschliche Leben ein, entäußert sich seiner Macht und lebt mit uns als Mensch, um uns nahe zu bringen, wie auch wir leben können – doch immer wieder halten Menschen seiner Einladung entgegen, so könne er leben, weil er Gott sei, als bloßer Mensch sei man damit überfordert.

Da lassen sich Menschen auf Gott ein und bemühen sich, nach seinem Beispiel zu leben; das gelingt ihnen auch, und ihr Leben wird als geglückt erfahren – und immer noch hören die Einwände nicht auf: Das seien eben Heilige, Normalsterbliche könnten so nicht leben. Als wären Heilige spirituelle Aliens!

Ängste und Ausflüchte behindern den Weg zum Leben. Daran sieht man, wie problematisch, ja verletzend (statt heilend) es ist, Heilige als eine Art Halbgötter, Heroen oder Übermenschen zu stilisieren. So wird das Heilige (das Heilende) wieder abgegrenzt und entfernt statt nahe gebracht.

Wiederholt haben mir Eltern ihre Glaubensprobleme geschildert und dazu angemerkt, vor ihren Kindern müssten sie das aber verbergen, weil sie nicht wollten, dass diese in ihrem Glauben verunsichert würden. Ein paar Mal haben mir Kinder ebensolcher Eltern später ihre Zweifel anvertraut, ob sie je richtig glauben könnten. Denn eines sei sicher, einen so tiefen und unerschütterlichen Glauben wie ihre Eltern würden sie nie erreichen …

Das unerreichbare Idealbild beschämt nur. Es spornt nicht an, sondern deprimiert. Der Perfektionismus ist ein rechtes Teufelswerk. Wenn jede Abweichung vom Idealbild schon als Scheitern betrachtet wird, schafft man gar nichts mehr.

»Das schaffst du nie!«, ist das Leitmotiv des Bösen.

»Du kannst das! Ich bin mit dir«, ruft uns Gott ermunternd zu.

Der vielstimmige Chor der Heiligen will uns diese Botschaft vertraut und vertrauensstiftend vernehmen lassen. Dabei zeigen sie uns, wie sie sich bemüht haben und was ihnen gelungen ist, wie sie gekämpft haben und woran sie gescheitert sind, wo sie versagt haben und was ihnen weitergeholfen hat, wovor sie Angst hatten und was sie mit Trauer erfüllte, was ihnen Spaß und Freude machte und womit sie andere aufheiterten, was ihnen Hoffnung gab und was sie hemmte, was sie überwanden und losließen und wie sich ihre charakteristischen Eigenheiten mehr und mehr entfalteten.

In den unverfälschten Lebensgeschichten der Heiligen gibt es so manches wüste Vorleben und viele dramatische Wendungen, da gibt es aber auch so manches nach außen ganz ruhige und verborgene Leben, es tauchen Wagemutige und Zauderer auf, mitreißende Optimisten und mühsam mit ihrer Schwermut Kämpfende, sozial höchstgestellte Persönlichkeiten und Existenzen am äußersten Rand der Gesellschaft.

Je näher man diese Lebensgeschichten betrachtet, desto deutlicher wird ihre Vielfalt und Unterschiedlichkeit. Und doch ist jedes dieser Leben authentische Nachfolge Jesu. Daher ist auch keines dieser Leben harmlos – denn das war das Leben Jesu nicht.

Im Grunde sind alle Heiligen unbequem. Einige haben ihre Zeitgenossen ganz schön provoziert, und manch einer ist dafür im Gefängnis gelandet oder als Wahnsinniger festgehalten worden. Aber selbst die nach außen ganz Unprovokanten berauben einen der bequemen Ausrede, ein solches Leben wäre unmöglich zu schaffen. Der ermutigende Ansporn ihres Beispiels ist dort durchaus als Stachel zu spüren, wo sich jemand wohlig abgrenzen will.

Mit der großen Zahl der Selig- und Heiligsprechungen weist uns Papst Johannes Paul II. darauf hin, dass die Vielfalt des Heiligen ständig weiter zunimmt und auch in unserer Zeit vielen Frauen und Männern die Nachfolge Christi in den unterschiedlichsten Lebensumständen und auf verschiedenartigste Weise gelingt. So angeregt und sensibilisiert sollen wir selbst Heilige und Heiliges in unserer Lebenswirklichkeit wahrnehmen und uns darauf einlassen.

Deshalb wird auch ein besonderes Augenmerk darauf gelegt, Männer und Frauen aus allen Weltgegenden, aus den diversen Alters- und Berufsgruppen als

Heilige vorzustellen. Es gibt natürlich wesentlich mehr Heilige, als je öffentlich bekannt wird. Aber auch die Zahl derer, für die ein Seligsprechungsprozess geführt wird, ist inzwischen so hoch, dass selbst der eifrigste Papst sie nicht alle zur Ehre der Altäre erheben könnte. Es muss also eine Auswahl getroffen werden.

Immer noch ist die größte Gruppe der neuen Seligen und Heiligen die der Ordensleute. Das hängt damit zusammen, dass man das Ordensleben lange Zeit als die höchste Form des Lebens mit Gott ansah. Man kann aber sicher nicht sagen, dass andere Berufungen weniger wert sind. Gott beruft keineswegs alle Menschen zum Ordensleben (und das gewiss nicht nur, damit die Menschheit nicht ausstirbt …). Eine andere Berufung ist nicht Ausdruck einer geringeren Liebe Gottes, sondern von deren Vielfalt.

Die hohe Quote an Ordensleuten resultiert wohl auch aus organisatorischen Gegebenheiten: Fast jede neue kirchliche Gemeinschaft bemüht sich um die Seligsprechung ihrer Gründerin bzw. ihres Gründers. Das ist verständlich und sinnvoll: Wenn viele Menschen sich am geistlichen Leben einer Persönlichkeit über deren Tod hinaus orientieren und danach ihr Leben gestalten, dann ist das ein hervorragendes Beispiel für deren ermutigende und prägende spirituelle Wirkung.

Ist nun das Ziel erreicht, stehen Erfahrung und organisatorische Struktur bereit, die leicht für weitere Ordensmitglieder eingesetzt werden können …

Johannes Paul II. hat zum ersten Mal ein Ehepaar gemeinsam selig gesprochen. (Es gibt zwar eine Reihe von heiligen Ehepaaren, aber die Heiligsprechungen erfolgten zu verschiedenen Zeiten.) Einige Länder sind zu ihren ersten Heiligen gekommen. Unter den neuen Seligen sind erstmals ein lateinamerikanischer Indio und eine ehemalige Sklavin. Es finden sich Ärzte und Arbeiter, Kinder und Jugendliche. Und bis in unsere Tage fallen Christen dem Hass gegen den Glauben zum Opfer und bekennen ihre Gemeinschaft mit Christus bis zur Hingabe des Lebens.

Die Märtyrer waren übrigens die ersten, die in der Kirche als Heilige verehrt wurden. Die Verfolgung gehörte damals zur christlichen Alltagserfahrung. Die Märtyrer beweisen, dass man sogar ärgstem Druck standhalten kann. Sie vermittelten, wie wertvoll der Glaube ist und ermutigten, auch in äußerster Not auf Gott zu vertrauen.

Bei aller Hochachtung vor dem Martyrium blieb es stets strikt verpönt, dieses selbst zu suchen. Es sind einige Fälle bekannt, wo Christen sich – ohne dazu gezwungen worden zu sein – dem Zug zum Tode Verurteilter anschlossen oder gar spontan auf den Scheiterhaufen sprangen. Diese Menschen wurden niemals als Heilige verehrt, da nur Gott einen auf diesen schweren Weg rufen darf.

Als die Verfolgungen – zumindest im römischen Reich – aufhörten, wurde die Aufmerksamkeit auf andere Wege gelenkt, auf denen man dem Beispiel Jesu folgen kann.

Der Erste, den man als Heiligen verehrte, obwohl er sein Leben nicht als Märtyrer vollendete, war der heilige Martin im 4. Jahrhundert. Jener Martin, der einst als Soldat in Pannonien seinen Mantel mit einem Bettler geteilt hatte und der später im Traum erfuhr, dass Christus ihm dabei begegnet war. Diese Begegnung veränderte sein Leben. Er wurde Christ und schließlich sogar Bischof von Tours. Der Wahl und Weihe zum Bischof wollte er sich zwar entziehen – indem er sich im Gänsestall versteckte, berichtet die Legende. Die Gänse aber sollen ihn durch ihr Geschnatter verraten haben (weshalb er häufig mit einer Gans dargestellt wird). Durch Rat und Tat und mit seinem Beispiel hat er vielen Menschen geholfen. Nach seinem Tod pilgerten viele Menschen an sein Grab und fanden weiterhin Ermutigung und wirksame Hilfe.

So geschahen dann auch die Heiligsprechungen in den folgenden Jahrhunderten: Eindrucksvolle geistliche Persönlichkeiten prägten über ihren Tod hinaus ihre Mitmenschen, bestärkten sie zu einem Leben in Gottvertrauen und halfen auf vielfältige Weise. Die »Heiligsprechung« ist eigentlich eine »Heiligerfahrung« – die Gläubigen erfahren nachhaltig die Heiligkeit eines Menschen.

Um das alles in »geordnete Bahnen« zu lenken, erließ schon Papst Alexander III. im 12. Jahrhundert eigene Verfahrensregeln. Papst Gregor IX. beanspruchte 1234 die Heiligsprechung als ausschließliche Kompetenz des Papstes (konnte das faktisch aber nicht durchsetzen).

Papst Sixtus V. gründete eine eigene römische Institution, die auch für Heiligsprechungsverfahren zuständig war – die Ritenkongregation. Aber erst im 17. Jahrhundert konnte Papst Urban VIII. den päpstlichen Anspruch wirklich durchsetzen.

Wesentlich bleibt weiterhin die Verehrung durch das Volk – Zeichen des geistlich prägenden Weiterwirkens der Persönlichkeit. Bei denjenigen, die nicht als Märtyrer starben, wird dazu noch ein Wunder verlangt und überprüft – gleichsam als bestätigendes Siegel Gottes auf deren Leben. Bei Märtyrern untersucht man, ob sie wirklich um des Glaubens willen gestorben sind. Ein späteres Wunder ist für ihre Heiligsprechung nicht erforderlich – das Bestehen im Martyrium ist für sich allein schon als großes Wunder des Glaubens zu betrachten.

Die Lebensberichte der Heiligen wurden vielfach zu teils erbaulichen, teils rührenden und teils geradezu gruseligen Geschichten ausgestaltet. Aber weder das Sentimentale noch das Schaurige wirkt nachhaltig. Das Leben ist anderswo.

Was wirklich betrifft und bewegt, ist das unverfälschte, reale Leben. Das ist bei Heiligenleben nicht anders. Das Leben eines Heiligen ist kein perfektes Leben, es ist ein geglücktes Leben – ein mit Gott und auf ihn hin geglücktes Leben. Nicht etwa deshalb, weil in einem solchen Leben alles von Anfang an und durchgängig gut gewesen wäre – ein solches Leben gibt es nicht. Aber es gibt das Leben, das mit allen seinen schönen und schweren Erfahrungen und Ereignissen zum

Guten gelangt, in eine umfassendere Freiheit und intensivere Lebendigkeit mündet.

Bei der Seligsprechung Papst Pius' IX., der vor allem wegen seines Wirkens als weltliches Oberhaupt des Kirchenstaates sehr umstritten ist, betonte Papst Johannes Paul II., dass mit einer Selig- oder Heiligsprechung keineswegs alle Handlungen und Haltungen des Betreffenden für heilig erklärt werden.

Schuld und Irrtum, Verworrenheit, Angst und Leere gibt es im Leben der Heiligen genauso wie Liebe und Erkenntnis, Entschiedenheit, Begeisterung und Erfüllung. Die Echtheit der Gefühle und Erfahrungen ist das Faszinierende. Da ist nichts zu bereinigen oder zu beschönigen. Es ist, was es ist – gültiger Teil eines geglückten Lebens.

Und es ist genug für jeden da: Die Heiligen repräsentieren einen geradezu unerschöpflichen Schatz an Erfahrungen – Anknüpfungspunkte für jede Lebenssituation. Da wir nicht selten in unseren Schwächen und Nöten besonders hellhörig und empfänglich sind, bieten Versagen und Bedrängnis von Heiligen mitunter einen besonderen persönlichen Zugang zu ihnen.

Das volle Menschenleben der Heiligen stellt Verbindungen her zu den größeren Chancen, die jede Lebenssituation in sich birgt. Das wahrzunehmen heißt, die Heiligen wirklich zu verehren. (Ein Heiliger, der nur »für die Akten« heilig gesprochen wäre, aber niemanden anregte und mitrisse, wäre gar kein richtiger Heiliger, sondern nur ein geistlicher Papiertiger.)

Es wäre gewiss anmaßend, wollte jemand auf seine eigene Heiligsprechung hinarbeiten. Wer aber wollte nicht, dass sein Leben gelingt und glückt – und zwar möglichst endgültig (was nur in Gott denkbar ist).

Die Heiligen sind der über ihren Tod hinaus lebendige Beweis, dass ein definitiv und auf ewig geglücktes Leben im Sinne und im Geiste Gottes möglich ist. Jeder kann unter den Heiligen »verwandte Seelen« finden und sich anspornen lassen. »Ja, wenn *der das* geschafft hat …«, wird man sich dabei wohl hin und wieder denken.

Und dann blitzt ein Gedanke auf, den man als Botschaft der Heiligen an uns bezeichnen könnte: Wir haben eine ganz reelle Chance.

Lebensbild 1

Klaus von der Flüe

(1417–1487)

Der heilige Klaus von der Flüe war ein Schweizer Großbauer. Als Bauernkind wird er groß und wächst von klein an in seine Arbeit hinein. Zeitlebens lernt er weder Lesen noch Schreiben. Er heiratet und wird Vater von zehn Kindern. Er zieht in den Krieg, befehligt dort andere Soldaten und kämpft selbst an vorderster Front. Er ist hochangesehen, übt wichtige richterliche und politische Funktionen aus. Mit fünfzig Jahren verlässt er plötzlich Hof und Familie und verbringt die restlichen zwanzig Jahre seines Lebens als Eremit.

Sein Leben ist zum größten Teil bäuerlicher Alltag – harte Arbeit in faszinierender, aber auch sehr widerspenstiger Natur.

Sein Leben ist geprägt von der Familie, aus der er stammt, und vor allem von jener, die er gründet. Zehn Kinder, von denen wohl zumindest einige den starken Charakter des Vaters geerbt haben, werden ihn ganz schön gefordert haben. 23 Jahre lebt Klaus mit seiner Familie. Als er sich zurückzieht, sind seine Ältesten um die zwanzig, und der Jüngste ist eben erst zur Welt gekommen. Die älteren Söhne streiten heftig mit dem Va-

ter, weil sie seinen Entschluss so gar nicht einsehen. Noch jahrelang nehmen sie ihm das übel. Und einige von ihnen versuchen später sogar zu verhindern, dass die Landgemeinde wenigstens eine Holzklause für den Eremiten baut (er solle doch besser wieder vernünftig werden). Klaus kümmert sich um seine Familie. Als er sie verlässt, hat er mit seiner Frau alles abgesprochen und geregelt – er hat für alle vorgesorgt und hinterlässt sie in geordneten Verhältnissen. Später werden seine Frau (und zumindest einige der Kinder) immer wieder

Der heilige Klaus von der Flüe

zu ihm kommen, um praktische Fragen mit ihm zu besprechen.

Bruder Klaus lebte im späten Mittelalter, in einer turbulenten Zeit voller Zerrissenheit und Kriege. Die Kirche war gespalten – Päpste und Gegenpäpste bekämpften sich. Die Schweiz war in ständige Gefechte nach außen und innen verwickelt. Klaus wird in diese Kämpfe persönlich hineingezogen. Als er gut in seinen Dreißigern steht, nimmt er an Feldzügen teil – und das sind keineswegs nur Freiheitskriege. Die Schweiz betrieb damals eine heftige Expansionspolitik. Die Kriege in dieser arg desorientierten Zeit werden als besonders grausam und menschenverachtend geschildert. Klaus von der Flüe setzt sich für Rücksicht auf die Zivilbevölkerung ein. Als sich die österreichischen Feinde in einem Dominikanerinnenkloster festsetzen und die Schweizer das Kloster niederbrennen wollen, erreicht Klaus eine Änderung des Befehls. Aber letztlich steht er doch mitten drin im kriegerischen Geschehen, er hält sich nicht heraus. Die Schädlichkeit der Expansionspolitik wird ihm allerdings klar, und er kämpft später gegen sie an.

Klaus übernimmt politische Verantwortung und vertritt seinen Kanton sogar in der Tagsatzung, dem höchsten Gremium der Eidgenossenschaft. Er zögert nicht, gegen seinen eigenen Pfarrherrn Prozess zu führen und gegen unangebrachte kirchliche Besitzansprüche vorzugehen. Er ist als Richter tätig und erlebt die Korrumpierbarkeit seiner Kollegen. Nach einem manipulierten Fehlurteil seiner Kollegen, das er nicht verhindern kann, legt Klaus sein Richteramt nieder – und erntet allgemeines Unverständnis, weil er solches Aufheben um die Sache macht.

Klaus wirkt entschieden, tatkräftig und entschlossen. Aber er leidet intensiv an den Nöten und Missständen, die er spürt. Seine Sensibilität und Ehrlichkeit machen ihm Probleme. Es sind durchaus depressive Züge an ihm wahrzunehmen.

Klaus sucht und ringt ein Leben lang. Die Entscheidungen, die er so kraftvoll vertritt, fallen ihm keineswegs leicht. Immer wieder zieht er sich zurück – überlegt, betet, kämpft mit sich selbst. Dabei vernachlässigt er aber seine Aufgaben nicht.

Jahrelang quält ihn die Frage, ob er sich von seiner Familie zurückziehen darf. In diesen Jahren des Ringens und Suchens gebärt ihm seine Frau noch Kinder – dieser Umstand mag die enormen Spannungen erahnen lassen, in denen Klaus lebte.

Als er dann einen neuen Weg beschreitet und aufbricht, weiß er nicht, wohin ihn dieser Weg führen wird und führen soll. Offenbar beabsichtigt er zunächst, die Schweiz zu verlassen, dann kehrt er plötzlich um und lässt sich ganz in der Nähe seines Hofes als Einsiedler nieder.

Obwohl er an den Ängsten und Nöten der Welt leidet, strahlt er Freundlichkeit und Fröhlichkeit aus. Immer mehr Menschen kommen zu ihm und suchen Rat, Trost und Orientierung. Klaus spricht aus reicher Lebens- und Gotteserfahrung. Er steht selbst als Eremit mit bei-

den Beinen im Leben und leitet den Blick aufs Wesentliche.

Auch in politischen Fragen wird er von den Verantwortlichen regelmäßig konsultiert. Er rät dringend von aller Anmaßung und Expansion ab. Als in der Schweiz die inneren Spannungen immer stärker wachsen und nach erfolglosen Verhandlungen ein Bürgerkrieg unabwendbar erscheint, bringt der Ratschlag des Bruder Klaus' die Lösung und den Frieden. Den Wortlaut seiner Ratschläge an die Versammlung aller Kantone kennen wir nicht – vermutlich wurde er mündlich übermittelt. In einer solch verfahrenen Situation können aber nur sehr handfeste, kluge und verständnisvolle Vorschläge geholfen haben. Ergebnis ist jedenfalls ein neuer Bündnisvertrag aller Kantone, der die Jahrhunderte überdauert hat.

Heilig ist Klaus von der Flüe nicht nur wegen seines Eremitenlebens, wegen seiner außerordentlichen Askese und wegen seiner geisterfüllten und hilfreichen Ratschläge. Die Heiligkeit seines Lebens entwickelt sich aus all seinen Erfahrungen und Herausforderungen. Da gehört die bäuerliche Arbeit mit ihren Ernten und Verlusten ebenso dazu wie die innige Beziehung zu seiner Frau und der Schmerz der Trennung, das erfüllte Familienleben genauso wie die erniedrigenden Zwistigkeiten mit seinen Allernächsten. Sein Kampf als Soldat war untrennbarer Teil seines Lebens wie seine Friedenstat, die Geschichte schrieb. Sein richterliches Scheitern bringt ihn letztlich einer höheren Gerechtig-

keit näher – und lässt in Beispiel und Rat so manchen gerechter werden.

Seine Verzweiflung an der Schlechtigkeit und Bosheit in der Welt überwand Klaus im Blick auf Gott. Aber die Betrübnis, das Suchen, Irren und Ringen waren Teil der Dynamik seines Lebens – darin wurden Kräfte freigesetzt, die ihn letztlich immer umfassender mit Gott verbanden und ihn so für seine Mitmenschen heilsam werden ließen.

Als Eremit floh Klaus nicht aus der Welt. Ganz im Gegenteil: Er setzte sich ihr und ihrer rauen, schmerzlichen Gestalt radikal aus; er stellte sich auch den konkreten Sorgen der Menschen, die ihn und seine Probleme kannten; er wandte sich den politischen Wirren zu – und fand in aller Ausgesetztheit doch nur die erlösende Liebe Gottes. Das ließ ihn Güte und Heiterkeit ausstrahlen, erweiterte seinen realistischen Blick und befähigte ihn zu geisterfülltem Ratschlag und wirksamer Hilfe.

Zu jeder Zeit stellt die Entscheidung, in welchem Maß man sich Familie und/oder Beruf widmen soll, eine der wichtigsten Herausforderungen des Lebens dar. Durch die allgemeine Trennung von Familie und Arbeitsplatz zeigt sich der Konflikt heutzutage besonders deutlich. Es gibt zahllose verschiedene Wege. Jeder muss seinen eigenen finden.

Der Weg des Klaus von der Flüe (der so manchen heute noch empört) zeigt, dass im Ringen und im Suchen vor Gott neue Lösungen gefunden werden können, die Sinn haben und hilfreich sind.

Kapitel II

»Unheilige« Gefühle

»Gibt es denn überhaupt unheilige Gefühle?«, fragte neulich meine Perle, die dafür Sorge trägt, dass sich mein wohnliches Umfeld in zivilisiertem Zustand befindet, als sie die Liste mit den Kapitelüberschriften dieses Buches auf meinem Schreibtisch liegen sah. Da war ich doch etwas überrascht. Die Frage hätte ich mir genau umgekehrt erwartet. Und eine befreundete Journalistin, der ich von dieser Bemerkung erzählte, meinte denn auch: »Die Frage müsste doch eher lauten: Gibt es heilige Gefühle?«

Sind Mitempfinden, geduldiges Ertragen des Leids, Gleichmut, fromme Begeisterung und ekstatische Entrücktheit Regungen, die eines Heiligen würdig sind, während Furcht und Angst, Zweifel, Verlassenheit und Leere, sinnliche Lust, Hilflosigkeit und Wut nicht zum Heiligen passen?

Eine scheinbar fromme, tatsächlich aber recht unchristliche Neigung will alles Heilige von der bösen Wirklichkeit abheben. Da wird dann jede »niedere« menschliche Regung ignoriert oder geistlich verdünnt. Das wird dann gleich auch noch ausgedehnt auf alle, die mit »Heiligem« zu tun haben.

So soll ein kleines Mädchen einmal eine besonders »fromme« Nonne gefragt haben: »Müssen Priester auch aufs Klo?« Diese habe errötend geantwortet: »Ja, aber nur ganz selten.«

Unchristlich ist diese Sichtweise nicht deshalb, weil sie lächerlich ist, sondern weil sie ignoriert, dass Gott uns wirklich gut erschaffen hat, und weil sie offenbar nicht akzeptiert, dass Gott in Jesus Christus ganz und gar Mensch geworden ist.

Dagegen könnte man über jedes Heiligenleben die Devise setzen: Nichts Menschliches ist mir fremd – im persönlichen Erleben oder im anteilnehmenden Mitempfinden. Heilig wird man nicht, indem man das menschliche Leben ablehnt, sondern indem man dessen Reichtum verkostet.

Heilige sind oft sehr leidenschaftliche Menschen. Ihre Leidenschaften sind keineswegs nur Versuchungen, gegen die sie sich im eisernen Widerstand zu bewähren haben. In diesen Leidenschaften stecken starke Kräfte, die genutzt und eingesetzt werden sollen.

Also geht es doch um eine Art der Überwindung – indem man diese Kräfte umformt und Gutes damit tut? Geht es nicht darum, »den Alltag zu heiligen«, also ihn auf eine himmlische Perspektive »hinzutrimmen«? Soll alles Sinnliche übersinnlich werden?

Heilig werden heißt, das Heil als Geschenk Gottes annehmen, heißt, Ja zu sagen zum Leben in seiner konkreten Gestalt, das Gottes Gabe ist.

Das Materielle ist nicht schlecht und nicht etwa Gefängnis der Seele, aus dem wir auszubrechen haben – wie der Philosoph Platon meint. Vielmehr ist uns eine leibliche Auferstehung verheißen. Der Himmel hat daher eine durchaus sinnliche Perspektive – und ein Vorgeschmack auf den Himmel ist jedenfalls heilig.

Das Loslösen von allen Gefühlen und Leidenschaften kann daher nicht unser Ziel sein. Das stoisch-unangefochtene Ertragen aller Widrigkeiten des Lebens ist ein antikes Ideal – genauso wie das kontrollierte Genießen der Welt. In beiden Haltungen geht es um Distanz und Beherrschung – eigentlich um einen resignativen Abstand zur Wirklichkeit. Der liebende Gott aber schenkt Anteilnahme und Hingabe und lädt dazu ein. Unser Ziel ist leidenschaftliche Liebe – mit Leib und Seele, mit Haut und Haaren.

Wer sich das von Gott erhofft und sich an dieser Hoffnung orientiert, ist schon auf dem Weg der Heiligkeit.

Klingt einfach? So allgemein gewiss. Schwierig wird es natürlich immer im Konkreten. Das Ja zu den konkreten Lebensumständen bedeutet das Annehmen auch vieler Begrenzungen, Beschränkungen und Behinderungen.

Johannes Maria Vianney wünschte sich sehnlichst, als Priester wirken zu können. Er verspürte eine intensive Berufung dazu. Aber er war mit nur bescheidenen intellektuellen Fähigkeiten begabt – so bescheiden, dass ein Theologiestudium unmöglich erschien. Hatte ihn Gott mit einer unerfüllbaren Berufung zum Narren gehalten? Johannes Maria nahm seine Grenzen an – aber gab nicht auf. Unter vielen Enttäuschungen und Demütigungen machte er seinen Weg. Er wurde der heilige Pfarrer von Ars. Von weither zogen zu ihm die Menschen in ihren inneren Nöten. Seiner Einfachheit öffneten sie ihre Seelen. Sie fanden Trost, Hilfe und Orientierung aus einer liebenden Zuwendung, die der intellektuellste Diskurs nie hätte bieten können.

Aber gerade die Liebe macht doch ständig Probleme im Bereich der Gefühle. Wo sonst empfinden wir intensiver Ängste und Grenzen? Ängste, nicht zu entsprechen, nicht ausdrücken und mitteilen zu können, was sich in einem abspielt; Ängste, nicht angenommen, nicht verstanden zu werden; Ängste, nicht zu gefallen, nicht gewollt zu werden; Ängste, nicht durchzuhalten; Ängste, sich selbst nicht mehr zu verstehen. Andererseits werden auch enorme Kräfte freigesetzt und Grenzen überwunden. Ein Wechselbad der Gefühle. Was soll daran heilig sein?

Was immer aus wirklicher Liebe geschieht, ist heilig. Der heilige Augustinus, einer der großen Kirchenlehrer, hatte ein sehr bewegtes Leben geführt, ehe er zu Gott fand. Seine »Bekenntnisse« (eine Autobiografie, als Weg zur Wahrheit geschildert) haben den Ruf, streckenweise anzügliche Literatur zu sein (wobei man wohl mehr hineingelesen hat, als wirklich darin steht). Theater und Zirkusspiele zogen ihn in den Bann. In die Liebe habe er sich geradezu gestürzt, Eifersucht, Misstrauen, Angst, Zorn und Streit hätten ihn deswegen geplagt. Er lebte jahrelang im Konkubinat (was damals eine halblegale Verbindung war) und hatte einen Sohn aus dieser Beziehung. Er war auf Karriere aus und kippte von einer sehr laxen in die überaus rigorose moralische Haltung einer leibfeindlichen Sekte. Augustinus ist unstet in seinen Beziehungen, fühlt sich gespalten und irrt geistig umher. Dann findet er die Hoffnung auf Halt und Ruhe in Gott und lässt sich mit über dreißig Jahren taufen. Er wird Priester und schließlich Bischof von Hippo in Nordafrika. »Unruhig ist unser Herz, bis es ruht in dir, o Gott.« So wird er später seine Erfahrungen zusammenfassen.

Derselbe Augustinus hinterlässt uns als moralische Quintessenz den Satz: »Liebe – und mach, was du willst.« Damit will er keineswegs seine Eskapaden rechtfertigen (in ihnen sieht er – vielleicht etwas überstreng – gar keine Liebe). Er zählt die Liebe allerdings zu den Kräften des Willens und nicht zu denen des Gefühls. Liebe beginnt mit der Entscheidung, dem andern gut zu sein – und ist in ihrer Intensität nach oben offen.

Verwirrend bleiben die Gefühle. Aber sie gehören nun einmal zum menschlichen Leben – und daher auch in jedes Heiligenleben. In der unruhigen Suche nach Sinn und Ziel des Lebens sind sie bedeutende Antriebskräfte. In der Zeit der Orientierung bieten sie spürbare Wegweiser. In den Phasen der Bewährung sind sie Ermutigung, aber auch Herausforderung. Doch haben selbst die Heiligen ihre liebe Not damit, die Gefühle richtig einzuschätzen.

Innere Unruhe kann eine hilfreiche Kraft zum Aufbruch aus einer verfahrenen Situation sein, sie kann aber auch vom guten Weg abbringen oder diesen blockieren. Ignatius von Loyola gerät in der Zerrissenheit des inneren Aufbruchs an den Rand des Selbstmords.

»Gute Gefühle«, tiefe Sehnsucht und sogar fromme Begeisterung können einen auch in die völlig falsche Richtung locken. Ignatius etwa schenkt in der Begeisterung über den Aufbruch in ein neues Leben seine Kleider an einen Bettler und bringt diesen damit fast an den Galgen, weil ihm niemand glauben will, dass er die vornehme Kleidung geschenkt bekam. Später ist Ignatius beglückt über eine fromme Vision, muss aber bald feststellen, dass es sich um ein teuflisches Trugbild handelt. Aus der genauen Beobachtung solcher eigenen und fremden Erlebnisse lernt Ignatius, die Geister (die inneren Regungen) zu unterscheiden.

Alles recht alltäglich: Da schlägt einer in seiner Begeisterung über die Stränge. In der Inbrunst seines Gefühls ist jemand von dessen Richtigkeit und Dauer überzeugt – und bald darauf schaut alles ganz anders aus.

Unsere Zeit erscheint mir ganz besonders gefühlsduselig. Wir geben uns zwar betont rational, bisweilen sogar cool (ist das nicht eigentlich ein Gefühl?), aber es gelten nur mehr Gefühle als Beleg der Authentizität, ja Wahrheit. Spontaneität wird als Echtheitsbeweis genommen – und eingefordert. Rationale Argumente lassen sich scheint's endlos gegeneinander vorführen, gegen Gefühle ist nicht zu argumentieren – wie die sind, so ist es eben. So mancher redet sich ein, eine Überzeugung und insbesondere eine Glaubenshaltung seien nur echt (und damit auch gleich wahr), wenn sie mit entsprechenden Gefühlen verbunden seien.

Aber ein Gefühl beweist nicht mehr als die Existenz seiner selbst. Wenn ich etwas fühle, habe ich dieses Gefühl, aber keinen Beweis für irgendetwas sonst.

Man wird also nicht umhin können, auch die Gefühle einer Beurteilung zu unterziehen. Dazu muss man sie erst einmal beobachten. Das geht nur, wenn sie da sind. Also darf es sie alle geben.

Alle Gefühle, auch die negativen? Ja, alle.

Müsste ein Heiliger nicht gegen das Entstehen negativer Gefühle mit allen Kräften kämpfen?

Das Entstehen von Gefühlen ist unserem Willen weitestgehend entzogen. Für das Aufkommen eines Gefühls bin ich normalerweise so wenig verantwortlich wie für den Ablauf eines Traumes.

Und welche Gefühle sind die negativen? Angst, Furcht, Sorge und Schmerz? Es heißt doch immer wieder, die Christen müssten erlöster wirken, wenn sie wirklich glauben. Angst und Sorge seien unchristlich, weil sie von einem mangelnden Gottvertrauen zeugen. Der Schmerz sei tapfer zu ertragen und im Hinblick auf eine künftige Herrlichkeit eigentlich auch schon überwunden – wenn man nur fest genug glaube.

Ich weiß von keinem Heiligen, der diese Empfindungen nicht erlebt hätte. Jesus selbst hat gelitten und in seiner Todesangst sogar Blut geschwitzt.

Überdies haben diese Empfindungen oftmals eine Warnfunktion und können so helfen, Schlimmeres zu verhindern. Vor allem aber sind es nicht zuletzt die Gefühle, die uns untereinander verbinden können, weil wir sie oft aus Liebe füreinander oder miteinander empfinden. Gerade das Leiden Jesu ist Anteilnahme und Liebe.

Wer ein besonderes Gespür für andere hat und pflegt, nimmt auch deren Nöte und Gefahren in spezieller Weise wahr. Es nimmt also nicht wunder, dass viele Heilige bis hinein in die Depression am inneren und äußeren Leid ihrer Mitmenschen mitleben und leiden. (Allerdings trägt kein Heiliger dieses Leid demonstrativ vor sich her.)

Wie ist es aber mit den rein negativen Gefühlen wie Eifersucht, Zorn oder Hass, Neid, Missgunst oder Stolz? Dabei handelt es sich doch allesamt um Sünden – die dürfen doch nicht sein und sind mit der Heiligkeit nicht vereinbar?

Auch das Entstehen solcher Gefühle und Regungen ist vom Willen so gut wie unbeeinflussbar. Verantwortlich sind wir erst, wenn unser freier Wille damit umgehen kann – und das Maß unserer Verantwortung entspricht dem Ausmaß unserer tatsächlichen Freiheit.

Wie jeder Mensch sind also auch Heilige von derlei inneren Bewegungen erfasst. (Bloß als Statuen stehen sie unangefochten über allen Wirrnissen der Welt.) Jesus selbst musste sich mit üblen Gedanken herumschlagen: Ob er nicht Menschen bestechen, manipulieren oder mit Gewalt unterdrücken solle – zwar durchaus für »heilige« Ziele, aber der Zweck heiligt unlautere Mittel in keinem Fall.

Entscheidend ist also die Frage, wie man mit diesen Gefühlen umgeht. Heilige sind nicht selten von den wildesten Empfindungen und Begehrlichkeiten geplagt. Aber auch das ist als alltägliche Erfahrung bekannt: Wenn wir etwas in unserem Leben zum Besseren wenden, melden sich prompt die negativen Regungen mit besonderer Deutlichkeit.

Nun hilft es gar nichts, sich über das Auftreten solcher Gefühle zu ärgern. Damit verschwinden sie nämlich nicht, sondern sie hängen nur noch lästiger an einem. Möglicherweise ist man dann in gekränktem Stolz beleidigt, dass einem selbst so etwas passieren kann, und schlimmstenfalls lähmt das Selbstmitleid alle Energie, die es für einen neuen Anlauf braucht.

Nicht verdrängen und nicht beleidigt resignieren. Aber wer könnte so heftige, aufwühlende Erfahrungen gelassen wegstecken? Das soll auch niemand.

Die Heiligenberichte sind voll von dramatischen negativen inneren Erlebnissen und Verlockungen. Man denke nur an die Visionen des Mönchsvaters Antonius, die Hieronymus Bosch zu fantastisch-drastischen Bildern angeregt haben.

Die heiligmäßige Reaktion darauf ist die realistische: Das ist nun einmal so. Darüber kann ich nur betroffen staunen. Es ist überraschend, was alles so in mir steckt und sich in mir regt. Ich habe mich nicht total im Griff und kann mich nicht bis ins Letzte selbst steuern. Ich bin aber selbst so heftigen Bewegungen nicht völlig hilflos ausgeliefert. Ich bin nicht allein. Wenn Gott zu mir samt meinen Schwächen und inneren Abgründen Ja sagt, kann auch ich zu mir und meiner gesamten Wirklichkeit Ja sagen – und im Vertrauen auf ihn etwas tun.

Immer wieder bezeichnen sich Heilige als große Sünder, auch wenn objektiv nicht einmal die kleinste Sünde feststellbar ist. Und nochmals: Das Hochkommen selbst der wüstesten Gedanken ist noch keine Sünde. Was die Heiligen aber damit zum Ausdruck bringen, ist das Empfinden der eigenen Unzulänglichkeit gegenüber der überwältigenden Liebe Gottes. (Das aber ist noch jedem passiert, der erfahren hat, dass er unbedingt geliebt wird: Man befürchtet, nicht entsprechen zu können.) Das ist Demut. Sie befähigt, Hilfe anzunehmen, und befreit von falschen Ansprüchen. Heilige zwingen die Widrigkeiten der Welt nicht mit ihrem unbeugsamen, heroischen Willen nieder, sondern sie vollziehen den liebenden Willen Gottes in ihrer Schwachheit.

Der betroffene, aber bejahende Blick auf die negativen Gefühle ist auch deshalb wichtig, weil diese meist auf tiefer liegende und wesentlichere Kräfte in uns verweisen, die uns positiv leiten. Die Sehnsucht nach Geborgenheit, Gemeinschaft und liebender Beziehung bewegt uns fundamental. Alle negativen Regungen sind nur mangelhafte Ausformungen unserer Bedürfnisse – beschädigt und verkümmert durch Enttäuschungen,

Entmutigungen und Ängste. Die mangelhafte Form enthält aber einen Hinweis auf die vollkommenere. Und genau darum geht es: sich nicht mit zu wenig zufrieden zu geben, sondern das Größere anzustreben.

Heilig wird man in der unermüdlichen (wenn auch noch so angefochtenen und beschädigten) Hoffnung auf die Erfüllung der größeren Sehnsucht.

Aber Heilige zeichnen sich doch gerade durch besondere Gefühle aus. Wunderbare Erlebnisse prägen ihren Glauben. Ihre mystischen Erfahrungen heben sie von uns Durchschnittsmenschen ab und rücken ihr Leben in eine andere Sphäre.

Es gibt echte Visionen und tiefe persönliche Begegnungen mit himmlischer Wirklichkeit. Einen spirituellen Gipfel stellen mystische Erfahrungen der intensiven Nähe, ja innigen Verbindung mit Gott dar.

Allerdings ist bei derlei außerordentlichen Erfahrungen eine außerordentliche Sorgfalt walten zu lassen. Der heilige Philipp Neri meinte einmal, von hundert Visionen und privaten Offenbarungen seien mindestens 99 falsch. Wenn er mit Fällen »mystischer Entrückung« junger Frauen befasst wurde, gab Philipp wiederholt den Rat, man möge nur einen passenden Mann für die Frau suchen, dann würde sich das Problem von selbst erledigen. Und immer wieder zeigte sich, wie recht er hatte.

Mir selbst sind wiederholt Menschen begegnet, die ihre intensiven Gefühle, ja sogar offensichtlich vorhandenen paranormalen Begabungen mit ihren höchst privaten Wünschen zu einem göttlichen Auftrag vermengten.

Man sollte doch besser den eigenen Vogel nicht mit dem Heiligen Geist verwechseln.

Eine junge Frau, die meinte, alle Grade mystischer Erfahrung durchlebt zu haben, teilte mir eines Tages mit, die Stimme Gottes hätte ihr aufgetragen, von mir ein Kind zu empfangen. Nun gibt Gott gewiss keine Weisung, die seinem eigenen Gebot widerspricht – aber eine theologische Diskussion wäre in dieser Situation völlig aussichtslos gewesen. Ich staune heute noch darüber, dass ich damals ruhig und sogar ohne Anflug von Ironie antwortete, ich wolle mich zwar stets bemühen, den Willen Gottes zu erfüllen, da ich aber sehr direkt betroffen sei, möge er doch bitte auch mit mir persönlich sprechen. Die Frau war damit einverstanden – das Problem war ja nicht ihre Ehrlichkeit gewesen –, ab nun fragte sie mich immer wieder, ob mir denn Gott schon etwas gesagt habe. Ich konnte wahrheitsgemäß jedes Mal verneinen. Schließlich meinte sie, ich bete offenbar zu wenig und sei ein schlechter Mensch. Damit war die Sache erledigt. (Heute ist sie übrigens glücklich verheiratet und Mutter einiger Kinder.)

Mystiker posaunen ihre Erfahrungen nicht aus. Sie sind oft lange von Zweifeln über die Echtheit ihrer Erlebnisse geplagt und vertrauen sich meist kaum jemandem an. Philipp Neri hat wohl eine ganze Reihe seiner mitunter peinlichen Scherze nur gemacht, um sich selbst als lächerlich darzustellen und seine mystischen Erlebnisse unter dem Deckmantel des Narren zu verbergen. Wie der heilige Ignatius von Loyola hat auch Philipp vor seinem Tod alle Aufzeichnungen über seine inneren Bewegungen verbrannt. Da mystische Erfahrungen nur bestaunt, nicht aber nachvollzogen oder gar herbeigeführt werden können, sind ihre Darstellungen tatsächlich von sehr beschränktem Wert für andere. Es besteht die Gefahr, dass sie mehr Distanz als Nähe schaffen – und damit nicht »heiligen«, sondern verschrecken.

Die höchste Stufe der Mystik besteht denn auch nicht im Wunsch, alles zu verlassen und nur mehr mit Gott allein zu sein (wie es in dichtesten Momenten der innigsten Verbundenheit erfahren wird). Die mystischen Erlebnisse selbst führen darüber hinaus: Die umfassendste Gemeinschaft mit Gott auf Erden besteht darin, mit Christus in unserer Welt für die anderen da zu sein und im Alltag tatkräftig zu helfen.

Philipp Neri bot mit seiner Lebensweise eine praktische Einladung, froh Christus nachzufolgen – viele haben dadurch ihren Weg gefunden. Ignatius hat mit dem Hintergrund seiner Erfahrungen in den »Geistlichen Übungen« recht spröde klingende Anweisungen zusammengefasst, die helfen, sich dem Willen Gottes zu öffnen. Bis in unsere Zeit haben Theologen in hochkomplexen Darlegungen abstrakt systematisiert, was bei so manchem von ihnen in einer tiefen mystischen Erfahrung wurzelte.

Die heilige Theresia von Avila, Gemälde von einem unbekannten Meister (17. Jahrhundert, Madrid)

Diese Erfahrung entzieht sich eben weitgehend menschlicher Darstellungsmöglichkeit – sie ist ein Kunstwerk Gottes.

Die heilige Theresia von Avila gab nur auf heftiges und insistierendes Drängen ihrer Mitschwestern und nicht zuletzt ihres Beichtvaters nach und schilderte schriftlich ihre mystischen Erlebnisse in ihrer Dynamik und Dramatik. Sehr rasch stieß sie dabei natürlich an die Grenzen der Sprache. Angetrieben vom massiv erlebten Gegenstand ihrer Beschreibung hat sie die sprachlichen Grenzen ausgeweitet und so das moderne Spanisch wesentlich beeinflusst. Bei aller sprachschöpferischen und künstlerischen Kraft, die freigesetzt wurde, beklagte Theresia doch die Dürftigkeit der Darstellung.

Das Ringen um die Darstellung des nicht Darstellbaren ist nicht zuletzt eine künstlerische Herausforderung. Gian Lorenzo Bernini, der mit seinen Bild- und Bauwerken dem barocken Rom Glanzlichter aufgesetzt hat, stellte Theresia von Avila in ihrer mystischen Ekstase dar. Die Kapelle der Familie Cornatro in der Kirche S. Maria della Vittoria birgt die Skulptur der Heiligen in aufgewühlter Hingabe. Berninis schier unglaubliche Meisterschaft in der Bearbeitung des Marmors lässt diesen weich und fließend erscheinen, die ungeheure Intensität des leidenschaftlichen Ausdrucks geht an die Grenzen des Erträglichen. Auch er sprengt Schranken der Darstellung.

Der französische Präsident Poincaré, der sich als Atheist verstand, soll beim Anblick dieses Bildwerks maliziös angemerkt haben: »Wenn das Mystik ist, dann kenne ich sie auch ...«

Jede menschliche Erfahrung durchläuft die Sinne. Daher ist eine mystische Erfahrung auch eine höchst intensive sinnliche Erfahrung – Gott kommuniziert konkret. Die Sinne sind dabei umfassend angesprochen.

Natürlich war Bernini nicht dabei, als Theresia ihre Ekstase erlebte – auch nicht bei der seligen Ludovica Albertoni, die er in S. Francesco a Ripa weniger aufgewühlt, aber wohl noch hingebungsvoller dargestellt

Gian Lorenzo Berninis eindrucksvolle Marmorskulptur der heiligen Theresia von Avila in der Kirche S. Maria della Vittoria

hat. Aber seine Kunst vermittelt mehr als jeder theoretische Traktat über dieses Thema. Und vermutlich sagt sie auch einiges über des Künstlers eigenes mystisches Erleben.

Ich bin überzeugt, dass viele Kunstwerke Frucht und Ausdruck echter mystischer Begegnung sind.

Jedes Kunstwerk führt die Sinne an ihre Grenzen und regt zum geistigen Sprung über diese Grenzen an. Das Barock hat in seiner Begeisterung für geistliche Dramatik sinnfällig die Himmel aufgerissen. Etwa mit dem gewaltigen Deckenfresko Andrea Pozzos in der römischen Kirche S. Ignazio. Dieses theoretische und praktische Hauptwerk optischer Täuschung enthüllt eine al-

Berninis kunstvolle Darstellung der seligen Ludovica Albertoni

les Sinnliche erfassende und übersteigende Wirklichkeit: die leidenschaftlich bewegende Beziehung von Gott und den Menschen, die dynamische Verbindung von Himmel und Erde.

Bei vielem, das uns mitreißt und begeistert, steckt offenbar intensive Erfahrung dahinter, die in uns zumindest den Wunsch nach mehr wachruft.

Große mystische Erlebnisse sind gar nicht so selten, wie man gemeinhin annehmen möchte. Ich kenne einige Männer und Frauen mit inneren Erfahrungen, die ich nach langer und sorgfältiger gemeinsamer Betrachtung und Bewertung für echte Mystik halte. Meist wissen nicht einmal die nächsten Angehörigen und Freunde davon. Und die Betroffenen kämpfen mit ihren ganz normalen Alltagsproblemen, setzen selbst in ihrem Glaubensleben recht unterschiedliche Akzente und plagen sich mit ihren Schwächen einerseits und guten Vorsätzen andererseits wie alle anderen auch. (Um jedem Verdacht zuvorzukommen: Ich selbst bin bar jeglicher hohen mystischen Erfahrung.)

Neben der großen Mystik gibt es aber noch eine Mystik des Alltags, die wie jene ein Geschenk der Nähe Gottes ist.

In jedem menschlichen Leben gibt es solche Ereignisse: Momente, in denen alles stimmig ist, in denen ich mich bis in mein Innerstes getröstet und dankbar fühle;

Das berühmte Deckenfresko Andrea Pozzos in der Kirche S. Ignazio in Rom: barocke Begeisterung für geistliche Dramatik

Augenblicke, die aufwühlen und öffnen, die mir neue Dimensionen meiner selbst offenbaren; Zeiten erfüllter Ruhe oder zuversichtlichen Aufbruchs; Phasen inniger Begegnung und tiefen Verständnisses.

Jede Erfahrung wirklicher (also bedingungsloser und von Hintergedanken freier) Liebe ist eine Gotteserfahrung, also ein mystisches Erlebnis. Faszinierend und erschreckend – heilig!

Lebensbild 2

Philipp Neri
(1515–1595)

Im Florenz der Medici wird Philipp Neri als Sohn eines armen Advokaten und einer Tischlertochter geboren. Der wenig erfolgreiche Vater versucht sich als Alchemist, doch scheitert er natürlich in seinen Versuchen, Gold herzustellen.

Das Florenz der Renaissance war eine Welthauptstadt der Künste und des glanzvollen Lebens, aber auch des Aufruhrs und der Umstürze. In den letzten Jahren des 15. Jahrhunderts hatte sich der Dominikanermönch Girolamo Savonarola vehement gegen die Gier und Prunksucht der Medici gewandt, wurde von Papst Alexander VI., den er heftig kritisierte, exkommuniziert und schließlich als Ketzer verbrannt.

Philipp erlebt mit zwölf, wie sich die Florentiner im Geiste Savonarolas erheben, die Medici vertreiben und eine Gottesherrschaft ausrufen. Papst Clemens VII., ein illegitimer Sohn Giuliano de' Medicis, verbündete sich bald mit dem französischen König, bald mit dem Kaiser – und brachte Florenz wieder unter die Herrschaft seiner Familie.

Philipp kommt zu einem begüterten Onkel, um bei ihm zu lernen und Kaufmann zu werden. Er verzich-

tet aber auf eine stattliche Erbschaft und zieht nach Rom.

Dort regierte Papst Paul III. aus der Familie der Farnese, den die Römer als »Cardinale gonna« (Kardinal Unterrock) verspotteten, weil er sein Amt seiner Schwester Giulia, die die Geliebte Papst Alexanders VI. war, verdankte. Paul III. bereicherte seine Familie, ließ ihr den pompösesten Palast Roms errichten, ernannte zwei seiner Enkel (mit 14 und 16 Jahren) zu Kardinälen und feierte wilde Feste. Er ließ aber auch einen schonungslosen Bericht über den Zustand der obersten Kirchenverwaltung erstellen, bestätigte den Jesuitenorden und eröffnete das Konzil von Trient, das die Reform der katholischen Kirche herbeiführte. Er hielt seine Hand über Michelangelo, der so das »Jüngste Gericht« ohne Änderungen fertig stellen konnte. (Dem Zeremonienmeister, der eine päpstliche Intervention gegen die Nacktheit auf diesem Fresko forderte, antwortete der Papst: »Beim Jüngsten Gericht ist die Macht des Papstes zu Ende …«)

Philipp lebt als kärglich entlohnter Hauslehrer, zieht durch die Straßen Roms, verwickelt Arm und Reich in harmlos-hintergründige Gespräche, spielt hingebungsvoll mit Kindern, schläft auf den Stufen verfallener Kirchen und steigt immer wieder in die Katakomben, um dort zu beten und zu meditieren. Er besucht Kranke und Sterbende.

Daneben studiert er Theologie und treibt drastische Späße. Er tritt in den abstrusesten Verkleidungen auf und macht sich selbst und die aufgeblasenen Mäch-

tigen lächerlich. Da bindet er sich einen Polster auf den Kopf und spielt den gravitätischen Turbanträger. Oder er zieht sich ein langes rotes Hemd über den Rock und verspottet die kardinale Pracht. Er hüpft und singt aber auch »einfach nur so« herum. Er kann recht derb und grob werden, schimpfen und Ohrfeigen austeilen. Deftige Volksschwänke zählen zu seiner Lieblingslektüre.

Mit 36 Jahren lässt sich Philipp Neri auf Drängen seines Beichtvaters zum Priester weihen – das ändert allerdings seinen Lebensstil gar nicht. Es kommt schon vor, dass er die Soutane hinten zuknöpft oder sich Rüschen annäht – einfach lächerlich ... Vornehmen Damen, die sich elegant vor ihm niederknien, um seinen Segen zu empfangen, kann es passieren, dass er ihnen durch die Haare fährt und die kunstvolle Frisur zerstört.

Die Possen Philipp Neris machen vor dem Sakralen nicht Halt. Er spielt vor der Messe in der Sakristei mit Hunden oder liest laut derb-lustige Geschichten. Er beginnt während der Messe herumzutanzen oder verdreht den lateinischen Text. Er zieht die Schweizer Gardisten bei feierlichen Prozessionen am Bart. Und das soll heilig sein?

Die Römer nannten Philipp Neri schon zu Lebzeiten »il santo«. Warum? Verrückte liefen damals in Rom mehr als genug herum – auch seltsam gekleidete Gestalten. An Bußpredigern und Propheten des Untergangs mangelte es schon gar nicht. Selbst Mutige, die sich mit den Mächtigen anlegten und sie ärgerten, fehlten nicht.

Philipp revoltiert nicht, aber er »provoziert« im eigentlichen Sinn des Wortes: Er ruft heraus. Die Menschen, denen er begegnet, fühlen sich von ihm angesprochen und werden herausgeholt aus ihren Ängsten, Irrungen und Verwirrungen. Sie spüren, in diesem Philipp Neri, den sie gern »Pippo buono« nennen, ist etwas lebendig, das auch sie lebendig macht.

Sie kommen in seine Kirche, gehen zu ihm beichten. Sie versammeln sich um ihn, hören fromme und lustige Texte, singen, beten und erzählen von ihren Erfahrungen. Da predigen dann einfache Handwerker und sogar Kinder – und alle hören einander zu.

Philipp liebt die Natur, Tiere, die freie Landschaft um Rom herum, das Meer. Er begeistert sich für Musik und Dichtung (er dichtet wohl auch selbst – aber das verschleiert er).

Mit diesen Freuden will Philipp Mut machen und die Menschen auf ihrem Weg zu Gott bestärken.

Er organisiert Wallfahrten, bei denen reichlich Wein, Würste, Eier, Schinken und Obst mitgetragen werden (und auch sein Lieblingskätzchen) – und genug Gelegenheit zur Labung ist. Aus seinen Zusammenkünften entsteht die musikalische Form des Oratoriums (aus dem wiederum die Oper hervorgeht).

Und Ermutigung brauchten die Menschen damals dringend. Die Welt war aus den Fugen. Europa zerfiel und stürzte sich mehr und mehr in vernichtende Kriege. Rom schwankte zwischen zügellosem Chaos und tyrannischer Disziplin.

Philipp Neri erlebte in den achtzig Jahren seines Lebens 15 verschiedene Päpste – sehr verschiedene! Das reicht vom üblen Renaissancefürsten bis zum Heiligen.

Als Philipp Neri geboren wurde, regierte Leo X., ein großer Förderer Raffaels und eifriger politischer Taktierer, der nicht begriff, wie die Glaubenseinheit zerfiel. Seine Wahl soll er mit den Worten angenommen haben: »Genießen wir das Papsttum, da Gott es uns nun einmal gegeben hat!«

Als Philipp starb, betrauerte ihn Papst Clemens VIII., der sich unter Philipps Einfluss zum Priester hatte weihen lassen und Philipps Vertrauter blieb. Clemens VIII. war ein bescheidener, frommer und eifriger Mann, aber entschlusslos und seinen Neffen ausgeliefert – vielleicht ein größerer Schmerz für Philipp als die Zwangsmaßnahmen anderer Päpste gegen ihn.

Kaum einer der Päpste damals konnte der Versuchung widerstehen, seine Familie (schamlos) zu bereichern. Eine große Hoffnung für die Erneuerung der Kirche war Marcellus II., der seinen Verwandten verbot, auch nur in die Nähe Roms zu kommen – aber er starb schon nach 22 Tagen im Amt.

Paul IV. regierte mit eiserner Hand, war asketisch, eigenwillig und selbstherrlich. Er fachte die Inquisition neu an. Mit seinen weit überzogenen Machtansprüchen verbaute er jede Annäherung zwischen den getrennten Christen. Von rigoroser Strenge gegen alle anderen getrieben, übersah er lange die Haltlosigkeit seines Neffen, den er zum einflussreichsten Kardinal machte. Philipp Neri erhielt unter ihm ein Verbot, die Beichte zu hören. Auch Philipps Prozessionen wurden untersagt.

Pius V. zählt zu den Heiligen. Er war überaus bescheiden, bedürfnislos und sehr spirituell. Die Römer meinten, er wolle die ganze Stadt in ein Kloster verwandeln, und nahmen ihm das sehr übel. Seine undiplomatische Härte vertiefte die Spaltung Europas – Heiligkeit ist kein Ersatz für Klugheit.

Ist denn Heiterkeit und Fröhlichkeit in solchen Zeiten nicht mehr als weltfremd? Weltfremd war Philipp Neri keineswegs. Er hat die Nöte und Gefahren seiner Zeit sehr tief empfunden. Dieser lustige Possenreißer weinte sehr viel. Er hatte furchtbare – aber überaus hellsichtige – innere Bilder vom Zustand der Welt. Er litt unter Ängsten und Depressionen. Immer wieder bat er Mitbrüder, vor ihm ihre Späße zu machen, damit er seine Betrübnis überwinde. Einem jungen Mann, der immer wieder von Schwermut geplagt wurde, half Philipp, indem er der gedachten Figur der Traurigkeit Grimassen schnitt und Späße machte. Man ahnt dabei, wie Philipp seine eigenen Depressionen bekämpft hat.

Die aufgesetzte, zwängliche Fröhlichkeit war Philipp Neri fremd. Mit ihr kann man niemanden befreien und begeistern. Sie schafft nur Unbehagen (wie die Verspannung eines künstlichen, verlängerten Lachens).

Philipp erkannte die »heilige Fröhlichkeit« als den besten Weg, um gut zu sein. Aber er wusste nur zu genau, dass sich Freude nicht verordnen lässt. Wie alles Wich-

Philipp Neri – neben allem Frohsinn hilfsbereit und empfindsam

tige kann man sie sich nur von einem schenken lassen – von Gott.

Er nahm das Schöne und Heitere in der Welt an, ohne die Augen vor Not und Unheil zu verschließen. So konnte er zuversichtlich helfen – von den Pilgern bis zu den Sterbenden.

Er nahm sich selbst mit seinen Begabungen und seinen Begrenzungen an, mit seinem Sinn für das Schöne, das Heilige und seiner Neigung zu Possen und Derbheiten. Er hat sich nicht in selbstverstümmelnder Dis-

ziplin einen Teil seines Charakters amputiert, sondern im Vertrauen auf Gott gewagt, damit zu leben.

Die gesellschaftlichen Ängste ließen sich leicht überwinden, indem er sich lächerlich machte – das lag ihm wohl.

Die viel tiefergreifenden Sorgen und Zweifel um Sinn und Ziel der Welt und des eigenen Lebens fordern immer wieder neu das Wagnis des Glaubens heraus. Humor hilft da zur nötigen Distanz gegenüber falschen Fixierungen. Fröhlichkeit fördert das Loslassen. Späße entzaubern die Zwänge.

So verlangte Philipp Neri denn auch von Menschen, die sich seiner Gemeinschaft anschlossen – aus den lockeren Runden war schließlich ein Orden geworden –, Aktionen der Lächerlichkeit, wie er sie selber geboten hatte. Erfahrungen der Freiheit und Befreiung.

Je mehr er in Gefahr geriet, verehrt zu werden, desto »unmöglicher« benahm er sich selbst. Die ihm wiederholt angebotene Kardinalswürde lehnte er konsequent ab.

Er soll die Gabe der Bilokation besessen haben, also die Fähigkeit, gleichzeitig an zwei verschiedenen Orten zu sein. So sei er in einer Versammlung von Kardinälen gesessen und habe zugleich mit seinen Freunden gefeiert und gesungen. Vielleicht hat er aber auch nur einen gut maskierten Freund an seiner statt zu der weniger interessanten Veranstaltung geschickt …

Nur auf päpstlichen Befehl übernahm Philipp die Leitung der Ordensgemeinschaft, die aus seinen Treffen entstanden war. Er weigerte sich aber, ihr eine Regel zu geben. Die einzige Regel sollte die Liebe sein.

Als er dann auch noch gezwungen wurde, an den neuen Sitz der Gemeinschaft zu übersiedeln, inszenierte er den Umzug seiner Armseligkeiten als drastische Parodie eines Prunkumzuges.

Vor seinem Tod hat Philipp Neri alle seine Aufzeichnungen über innere geistliche Erfahrungen verbrannt. Er hat gewusst, warum: Solche Texte lassen sich kaum nachvollziehen und schaffen meist beziehungsloses Staunen und Distanz.

Nachvollziehen lassen sich aber seine Taten. Viele Menschen haben das seither auch unternommen – innerhalb und außerhalb des Oratoriums (so heißt die

Der heilige Philipp Neri nach einem Gemälde von Federico Zuccari

Ordensgemeinschaft, die sich auf ihn zurückführt). Und wen würde nicht zumindest die eine oder andere Verrücktheit Philipp Neris zur Nachahmung reizen?

Auf seinem Sterbebett noch meinte er, er hätte eigentlich gar nichts Gutes getan – das war ihm ernst.

Und dann soll er noch gesagt haben, wenn er wieder gesund würde, werde er sein Leben ändern – das war wohl Spaß.

Zu Lebzeiten Philipps rangen an der Spitze der Kirche leichtlebige Genießer mit strengen Reformern (manchmal sogar in ein und derselben Person). Das zügellose Leben vieler Päpste wurde als skandalös empfunden. Die rigorose, freudlose Strenge vieler Reformer erlebten die Menschen als noch unerträglicher. Philipp Neri bewies, dass sich Einfachheit und Fröhlichkeit verbinden lassen, dass Nähe zu Gott und den Menschen zusammengehören und dass Erneuerung ohne Angst geschehen kann. In diesem Geist erfährt die Kirche immer wieder eine Neubelebung.

Kapitel III

Höhen und Tiefen

»Man müsste nur einmal erfolgreich durchkommen«, sagte mir vor einigen Jahren ein Herr mittleren Alters, der mir immer wieder seine Fragen, Sorgen und Freuden anvertraut, »dann wäre es viel leichter.« Er schilderte mir damals, wie er befürchte, allmählich zu resignieren, da er doch immer wieder in seine alten Fehler zurückfalle. Offenbar gelinge es ihm nicht, wirklich zu glauben, ganz auf Gott zu vertrauen. Die Heiligen hätten das geschafft. Das bewundere er so an ihnen – aber ihm werde das wohl nie mehr ganz gelingen. Das sei schon ziemlich zermürbend.

Natürlich wisse er, dass auch die Heiligen ihre Probleme gehabt hätten. Keinem sei es leicht gefallen, unbedingt zu Gottes Willen Ja zu sagen. Der Weg dorthin sei oft arg beschwerlich gewesen. Und es sei ihm auch klar, dass selbst nach dem Durchbruch zur Heiligkeit das Leben kein Honiglecken geworden sei. Die Anfeindungen von außen hätten dann ja oft beträchtlich zugenommen. Aber dagegen seien sie eben von ihrer unbedingten Glaubensgewissheit gefeit gewesen. Damit hätten sie alles überwinden können.

Als er so sprach, kam mir die alte Geschichte vom

Schlaraffenland in den Sinn. Um dorthin zu gelangen, müsse man sich erst durch ein Gebirge von Milchreis durchessen. Dann aber würden alle Probleme umgehend gelöst (außer der grässlichen Fadesse unentwegten Schlemmens).

Oder wäre es heutzutage nahe liegender, an ein Computerspiel zu denken, bei dem man sich Ebene um Ebene hochkämpft. Danach kann man zwar auch noch aus dem Spiel fallen. Aber wenn man erst einmal die Fallen kennt und die Techniken und Tricks herausbekommen hat, um ein bestimmtes Niveau zu erreichen, kann man dieses buchstäblich spielend rasch wieder erlangen und mit guten Erfolgschancen weiterkämpfen.

Das Bild des Computerspiels gefiel meinem Gesprächspartner. Das entspreche in etwa seinen Vorstellungen, meinte er. Allerdings glaube er, es gäbe einen Punkt, an dem sich das Spiel gleichsam von selbst weiterspiele, weil es einem ganz selbstverständlich von der Hand gehe. Das sei im geistlichen Leben genau der Punkt, an dem jemand vorbehaltlos zu Gott Ja gesagt habe.

Mir war diese Vorstellung unbehaglich, aber ich wusste zunächst nicht, was daran nicht stimmen sollte. Der heilige Ignatius von Loyola hatte doch Recht, wenn er feststellte: »Wenige Menschen ahnen, wie Großes Gott mit ihnen bewirkte, wenn sie sich ihm nur großzügig überließen.«

Und es stimmt doch auch, dass die Erfahrung überwundener Schwierigkeiten und bewältigter Krisen hilft, ähnliche Situationen zuversichtlicher und leichter zu meistern.

Und wie beim Computerspiel kann man in den wichtigen Herausforderungen des Lebens aus der Übung kommen. Allerdings erlangt man die verlorene Geschicklichkeit aufgrund der Erfahrung auch wieder leichter.

Doch gibt es in unserem Leben nicht den Punkt, ab dem das Spiel souverän beherrscht wird. Es ist auch keine nach oben offene Rekordjagd nach immer mehr Gut-Punkten.

Was mich an dem Bild am meisten störte, war die Betrachtung des Lebens als Teststrecke, die wir bewältigen sollten, um anderswohin zu gelangen. Wäre unser Leben nur ein Probegalopp, wäre es angebracht, zu ihm nur vorläufig Ja zu sagen. Es geht aber tatsächlich um das unbedingte Ja zum Leben, weil nur darin unser unbedingtes Ja zu Gott, der es uns – mit einem ewigen Ziel – geschenkt hat, konkret wird.

Die Höhen und Tiefen in unserem Leben sind daher nicht Testsituationen, in denen wir daraufhin abgecheckt werden, wie wir damit zu Rande kommen – ob wir im Unglück nicht verzagen und im Glück nicht übermütig werden. Sie sind vielmehr Gelegenheiten zu entdecken, wie wir sind und wie sich uns Gott in allem zuwendet.

Das Leben der Heiligen ist voller Höhen und Tiefen. Und das nicht nur in einer ersten »Testphase« bis hin zum »heiligmachenden Ja der Bekehrung«, das einem dann gleichsam den Schlüssel zur Seligkeit erwirbt, der alle weiteren verschlossenen Tore sicher öffnet. Die Suche nach dem Stein der Weisen ist von der irreführenden Vorstellung geleitet, es gäbe ein Mittel, eine Erkenntnis oder eine Technik, um alles hinderliche Minderwertige in hilfreich Wertvolles zu verwandeln.

Heil wird unser Leben, wenn wir uns auf seine ursprüngliche Heiligkeit einlassen. Warum sich dagegen in uns und um uns Widerstände regen, kann stets aufs Neue erstaunen. Dieses Staunen bietet uns schon den Ansatz, näher hinzuschauen und tiefer zu blicken.

Dabei wird man bald feststellen, dass »hoch« nicht unbedingt mit »gut« und »tief« nicht unbedingt mit »schlecht« gleichzusetzen sind.

Der heilige Philipp Neri beschreibt seinen Weg zu Gott recht nüchtern: »Erst eine Tröstung, dann eine Qual, dann wieder eine Tröstung und darauf eine neue Erschütterung.« Und er stellt erstaunlicherweise fest, Menschen, die mit Gott lebten, erführen meist zuerst das Schöne, dann das Bittere. Erstaunlich ist das deshalb, weil oft eine Erschütterung, eine einschneidende negative Erfahrung Anlass für eine Umkehr, eine Bekehrung sind – weil die Orientierung auf Oberflächliches, Wertarmes plötzlich offenbar wird.

Drastisch ist z. B. das Erlebnis, das den heiligen Franz von Borgia, den dritten Generaloberen des Jesuitenordens, auf einen neuen Weg gebracht hat. Francisco de Borja y Aragon war Herzog von Gandia und Grande von Spanien und stammte aus einer mächtigen Familie von Weltrang, sein Urgroßvater war Papst Alexander VI. (einer der übelst beleumundeten Päpste überhaupt). Francisco war sich seines Ranges und seiner Macht bewusst und stolz darauf. Er hatte eine bedeutende Stellung am Hofe des spanischen Königs Carlos I. (als Kaiser Karl V. von Habsburg) inne. In höfischer Funktion begleitete er Königin Isabella, die er sehr bewunderte und verehrte, als diese plötzlich und unerwartet starb. Nun hatte er den königlichen Leichnam mit allen Ehren heimzubringen. Die Reise ging durch das sommerlich glühende Spanien. Bei der Ankunft wurde der Sarg geöffnet – und Francisco Borja musste entsetzt sehen, wie die faszinierende Schönheit binnen Kürze in grässlichen Verfall übergegangen war. Ab diesem Augenblick suchte er neue Perspektiven in seinem Leben. Seine bisherigen Orientierungspunkte hielten dem Verfall des Irdischen nicht stand. Nachdem er bei Ignatius von Loyola Exerzitien gemacht hatte, wurde er in den Jesuitenorden aufgenommen. Das blieb zunächst aber geheim. Äußerlich lebte er weiter als Herzog von Gandia, wurde sogar noch Vizekönig von Katalonien, erfüllte seine Aufgaben, versorgte seine acht Kinder und regelte die Familien- und Regierungsangelegenheiten. Erst danach wurde sein Schritt offenbar.

Oft sind es solch erschütternde Erlebnisse – Todesfälle, Krankheiten, Enttäuschungen –, die eine Hinwendung zu Gott bewirken.

Aber Philipp Neri spricht ja vom Menschen, »der seinen Weg mit Gott geht«. Vor der Umkehr steht oft die

Erschütterung. Wer danach den Weg mit Gott beschreitet, erfährt tatsächlich meist zuerst das Schöne, aber immer auch das Bittere.

Ist das Schöne zu Beginn nur ein Werbetrick? Aber wer sollte bei einem Produkt bleiben, das nicht hält, was es verspricht? Müsste Gott nicht ein insgesamt besseres Produkt anbieten, wenn er will, dass ihm seine Kunden treu bleiben? Das ist ja der springende Punkt: Was Gott anbietet, ist nichts anderes, niemand anderes als er selbst (er ist der absolute Bestbieter).

Alles nun, was dazu führt, ihn besser zu erkennen und anzunehmen, ist dauerhaft gut und schön, was ihn verfälscht und von ihm ablenkt, wird letztlich zur Enttäuschung führen.

Was hält und trägt wirklich? Um das zu erkennen, müssen meist so manche irreführende Vorstellungen und falsche Ideale durchschaut und losgelassen werden.

»Aber Gott verlangt von niemandem, dass er etwas aufgibt, wenn er ihm nicht viel mehr dafür schenken will.« Der das sagt, hat das in seinem Leben reichlich erfahren – und großen Widerstand geleistet, ehe er der besseren Erkenntnis nachfolgt. Es ist der heilige Ignatius von Loyola.

Noch bevor Ignatius geboren wurde, verlor seine Familie an Macht und Einfluss, da sie politisch »aufs falsche Pferd gesetzt« hatte. Ein Freund der Familie aber bietet Ignatius eine glänzende administrative Karriere im mächtigen Spanien an. Es ist Don Juan Velazquez de

Cuellar, eine Art Superminister des Spanischen Königs. Er nimmt den Jugendlichen an seinen prachtvollen Hof und bildet ihn aus. Dann fällt de Cuellar aus unbekannten Gründen plötzlich in Ungnade (möglicherweise steckt ein Konflikt zwischen seiner Frau und der Königin dahinter). Bleibt als letzte Karrierechance das Militär. Um ein Kommando zu erlangen, muss Ignatius sich erst einmal im Kampf bewähren. Daher nimmt er an der Verteidigung Pamplonas teil. Er will sich militärischen Ruhm erwerben. Aber noch ehe es zur großen Auseinandersetzung kommt, zerschmettert ihm eine Kanonenkugel das Bein. Invalid kehrt er nach Hause zurück. Aber er hat seinen Karrieretraum noch nicht aufgegeben. Als sein Bein schief verheilt, lässt er es sich erneut brechen, damit er Offizier werden kann. (Er wird aber sein Leben lang hinken.)

Auf dem Krankenbett liest er – zuerst Ritterromane, die seiner Fantasie entsprechen. Und dann – aus Langeweile – die »Nachfolge Christi« und eine Sammlung von Heiligenleben. Dabei macht er eine erste wegweisende Erfahrung: Während ihn die Ritterromane zuerst begeistern, auf die Dauer aber eine innere Enttäuschung hinterlassen, bewirken die geistlichen Schriften eine anhaltende seelische Erfüllung.

So entschließt er sich, auf alles zu verzichten und sein Leben ganz Gott zu weihen. Er verschenkt seine Habe, zieht sich zurück und erlebt innere Höhen und Tiefen, die ihm einerseits die innigste Erfahrung der Nähe Gottes schenken und ihn andererseits an den Rand des

Selbstmords treiben. Er muss auch erkennen, dass eine Vision, die er zunächst für ein Geschenk Gottes hielt, ein Trugbild des Bösen war. Immer klarer werden ihm die inneren Zusammenhänge, und er entfaltet daraus Kriterien, die inneren Regungen einzuschätzen (seine Regeln »Unterscheidung der Geister« sind bis heute hilfreiche Hinweise) – und Übungen, um sich dem Willen Gottes mehr und mehr zu öffnen (seine »Geistlichen Übungen«, die »Exerzitien«).

Als Ignatius diese Erfahrungen weitergeben will, bekommt er erstmals gröbere Schwierigkeiten mit der kirchlichen Autorität. Er wird von der Inquisition eingesperrt. Er besteht auf einer gründlichen Untersuchung und erhält Recht.

Ignatius erkennt, dass er eine solide theologische Ausbildung braucht, obwohl er tiefste mystische Erfahrung hat. So beginnt er mit fast vierzig noch ein Studium.

Er sammelt nacheinander einige Gruppen, die aus dem Geist seiner Exerzitien leben – und alle zerfallen wieder. Er reist ins Heilige Land – und will nur mehr dort bleiben. Aber die kirchlichen Oberen komplimentieren den feurig Begeisterten wieder aus dem Land.

Er studiert Theologie in Paris und sammelt dort eine kleine Gemeinschaft. Diese Gruppe hält. Gemeinsam wollen die Mitglieder nach Palästina ziehen und dort den Glauben verkünden.

In Venedig warten sie auf ein Schiff. Ein Krieg zwischen der Serenissima und der Hohen Pforte blockiert den Verkehr. Nach einigen Monaten beschließen die

Gefährten, wenn sie sich binnen Jahresfrist nicht einschiffen könnten, würden sie nach Rom ziehen und dem Papst ihre Dienste anbieten. Tatsächlich verstreicht die Frist. (Es ist übrigens das einzige Mal im gesamten 16. Jahrhundert, dass mehr als zwölf Monate lang kein Schiff von Venedig ins Heilige Land abfährt …)

In Rom beschließt die Gruppe schließlich, auf Dauer zusammen zu bleiben, nach festen Regeln zu leben und eine neue Gemeinschaft zu bilden.

So entstand der Jesuitenorden. Viele idealistische Pläne und teils sehr fromme Ziele mussten scheitern, ehe es dazu kam. Was da gescheitert ist, waren keineswegs nur Irrwege und bloße menschliche Träume, die sich gegen den Willen Gottes gestellt hätten. Ignatius hat immer gründlicher den Willen Gottes gesucht – und ihn auch gefunden.

Wie soll man sich denn da auskennen? Kann mir denn Gott etwas als seinen Willen zu erkennen geben und wollen, dass er verhindert wird? Kann Gott wollen, dass sein Wille nicht geschieht? Natürlich will Gott, dass sein Wille geschieht – weil sein Wille unbedingt gut ist.

Es kann aber durchaus sein, dass Gott mir zeigt, dass ich mich in bestimmter Weise für ein bestimmtes Ziel einsetzen soll – und gleichzeitig jemand anderem zeigt, dass er auf andere Weise oder für ein anderes Ziel wirken soll. Es kann Gottes Wille sein, dass erst im Zusammenwirken oder durch die Kontroverse das erreicht wird, was er wirklich will (und vermutlich ist das gar nicht so selten).

Das gibt der gegenseitigen Ergänzung und Korrektur, ja sogar dem Konflikt einen tieferen Sinn. Wir stehen so nicht mehr unter dem Druck, unter allen Umständen verwirklichen zu müssen, was wir als Willen Gottes für uns erkannt haben. Wir müssen uns nur nach unseren Kräften dafür einsetzen. Das eröffnet uns einen neuen Umgang miteinander und mit gegnerischen Standpunkten. Auch mein Gegner kann den Willen Gottes ehrlich gesucht und sogar gefunden haben. Er kann dabei sein, diesem Willen zu entsprechen – so wie ich. Das sollten wir bis zum Beweis des Gegenteils voneinander annehmen.

Das bedeutet allerdings nicht, dass alles, was geschieht, gut ist, und jeder ohnehin nur das Gute tut. (Zu dieser Erkenntnis reicht uns ein kurzer ehrlicher Blick auf uns selbst.)

Eine klare Leitlinie haben wir in Gottes Geboten. Was ihnen widerspricht, kann nicht richtig sein. Aber unüberschaubar weit ist der Bereich der Möglichkeiten, die alle den Geboten nicht widersprechen – zwischen denen aber doch eine Wahl getroffen werden muss, um konkret zu handeln.

Wie kann man da aber unterscheiden? Braucht es dazu das Licht der »heiligen Erkenntnis«, das eben den Heiligen ihren Weg durch alle Höhen und Tiefen wies, während wir »Normalsterbliche« letztlich doch im Dunkeln tappen? Aber auch für Heilige war das keineswegs immer so klar. Oft und oft waren sie sich unsicher, durchlitten ihre Zweifel und Dunkelheiten und haben sich andererseits auch durchaus in Begeisterung und »heiligem« Eifer verrannt.

Die Heiligen Kornelius und Cyprian werden in vielen Gebeten in einem Atemzug genannt und haben ihr Fest am selben Tag (dem 16. September). In wichtigen Fragen der Kirche waren sie allerdings geteilter Meinung – so zum Beispiel, wie man mit denjenigen umgehen sollte, die in der Verfolgung vom Glauben abgefallen waren, ob und wie man sie wieder aufnehmen sollte.

In der Zeit der Gegenpäpste haben nicht wenige Heilige zu gegnerischen Päpsten gehalten.

Und selbst wenn die Kirche jemanden als Kirchenlehrer anerkennt, heißt das nicht, dass alle Lehren dieses bzw. dieser Heiligen Glaubenswahrheiten sind. Selbst Kirchenlehrer haben in Glaubensfragen geirrt (und die Kirche war sich dessen immer bewusst).

Das Leben der Heiligen zeigt uns, dass auch sie keinen generellen Durchblick haben, nicht über ein geistliches Geheimwissen verfügen und nicht die Träger einer neuen Offenbarung sind. Es haben zwar viele von den Heiligen tiefe innere Erfahrungen, Visionen und mystische Erlebnisse, aber diese zählen alle nicht, wenn sie nicht dazu führen, für andere hilfreich da zu sein.

Gerade im Glauben stehen die Heiligen auf derselben Grundlage wie alle Christen. Es gibt tatsächlich ein Licht des Glaubens – und das ist der Heilige Geist selbst, den Gott aber niemandem verwehrt. Der Heilige Geist öffnet den Weg der Erkenntnis und begleitet uns auf ihm, aber er setzt uns nicht einfach hinein in die Ergebnisse – das ist eine wesentliche Grundlage unserer Freiheit, dass wir unsere Erkenntnis entwickeln können und sie uns nicht einfach übergestülpt wird.

Wo aber finden wir unsere Erkenntnis? Im Gesamt unserer Wirklichkeit – nichts ist davon ausgeschlossen. (Das ist ein Aspekt des Ja zum Leben, das Gott spricht und das wir mitzusagen eingeladen sind.)

Und wie finden wir uns zurecht in diesem Universum von Eindrücken und Erlebnissen? Die allgemeine Erfahrung der Menschen, die sich oft in den Geschichten der Heiligen verdichtet wiederfindet, zeigt, dass es keine simplen Methoden der Zuordnung gibt:

Wohl fühlen ist nicht immer besser als Schmerz. Natürlich ist es angenehmer, aber der Schmerz hat in der Natur häufig eine Warnfunktion, deren Verlust sehr gefährlich werden kann. Franz von Assisi hatte es sich im väterlichen Wohlstand sehr behaglich gemacht, genoss sein Leben und fantasierte von ritterlichem Ruhm. Die elende, schmerzvolle Kriegsgefangenschaft öffnete ihm die Augen für die wahre Schönheit und wirkliche Erfüllung.

Klarheit ist nicht immer besser als Zweifel. Wer hat sich nicht aller schon massiv geirrt, obwohl er sich ganz sicher war? Mit klarer Sicherheit verfolgte Saulus die Christen, ehe Christus selbst ihm auf dem Weg nach Damaskus erschien und diese falsche Überzeugung erschütterte.

Entschlossenheit ist nicht immer besser als Zaudern. Wie viel Unfug und Unheil sind nicht aus bester Überzeugung angerichtet worden!

Selbst fromme Gefühle sind nicht immer besser als innere Leere. Die Schäden, die aus vermeintlich frommer Inbrunst entstanden, gehören zu den erschütterndsten der Menschheit. Die Kreuzzugspredigt des heiligen Bernhard von Clairvaux etwa zählt nicht zu seinen geistlichen Wohltaten.

Wie kristallisiert sich aus diesem Verwirrspiel eine klare und richtige Erkenntnis heraus? Im Glauben an die Güte Gottes ist ein geduldiger Blick auf das Gesamte der Wirklichkeit möglich. Im Wesentlichen sind es zwei Punkte, die dieser geduldigen Betrachtung helfen, die Dinge zu unterscheiden und einzuschätzen:

Was ermutigt, unser Bemühen um ein sinnerfülltes Dasein miteinander und füreinander nicht aufzugeben, ist gut und richtig – es kommt von Gott. Was uns hingegen weismachen will, wir würden es ohnehin nie schaffen – z. B. auch durch die Vorstellung überzogener Ideale und perfekter Lösungen –, ist nur verwirrend und vom Bösen.

Das klingt nun so, als würde doch nur die Hochstimmung den richtigen Weg weisen. Aber so mancher falschen Begeisterung schämen wir uns nachträglich noch lange – eine sehr alltägliche Erfahrung.

Entscheidend ist ein zweiter Punkt: Was Gottes Willen entspricht, bewirkt einen tiefen, anhaltenden inneren Trost. Das ist keine Euphorie. Das kann einhergehen mit Schmerz und Leid – und sogar mit völliger Gefühlsleere. Denn rationale Erkenntnis und emotionale Erfüllung spielen zwar eine Rolle bei der Suche nach Wahrheit, Sinn und Entscheidung, das Wesentliche spielt sich aber auf einer Ebene ab, die tiefer reicht als Verstand und Gefühl – die Ebene, auf der auch die Liebe zwischen den Menschen ihren Bestand hat. (Gefühl und Verstand sind auch ihr nur Hilfe, sich zu äußern.)

Im Durchleben der Höhen und Tiefen kann jener profunde und nachhaltige innere Trost wahrgenommen werden und zur Orientierung dienen.

Es gibt Hochs, in denen die Liebe Gottes die Ebene der Gefühle berührt – sie geben auch als Erinnerung noch Kraft. Falsche Hochstimmungen bleiben dagegen nur bitter in Erinnerung.

Tiefs können einen Widerstand gegen Gott anzeigen, sie können aber auch eine Verbundenheit mit ihm zum Ausdruck bringen.

Der Widerstand gegen Gott kann von ganz verschiedenen Seiten kommen und setzt einem auf sehr unterschiedliche Weise zu: Innerlich am leichtesten zu verkraften ist er, wenn er von äußeren Feinden des Glaubens kommt. Dann kann er zwar mitunter großes Leid zufügen, aber die innere Gewissheit bietet einen starken Trost. So haben die Christenverfolgungen den Glauben insgesamt immer gestärkt.

Belastender ist der Widerstand, wenn er aus den Reihen der eigenen Gemeinschaft kommt, zumal, wenn zu spüren ist, dass er von echter Sorge getragen wird. Viele

Heilige erlitten ungerechte Repressalien mit kirchlichen Autoritäten – man denke nur an Johanna von Orléans, die unter bischöflicher Assistenz verbrannt wurde. Nicht selten bereiteten auch wohlwollende Uneinsichtige Probleme – wie es Theresia von Avila mit mehr als einem Beichtvater erging.

Wenn der Widerstand gegen mein bestes Bemühen gar kein Widerstand gegen Gott ist, sondern sogar seinem Willen entspricht, ist das auch schmerzhaft, kann durch Einsicht aber sehr befreiend wirken. Als der dafür verantwortliche Franziskanerobere Ignatius von Loyola aus dem Heiligen Land wies, fand sich dieser von seinem innig ersehnten Ziel getrennt – und er brauchte Jahre, ehe er einsah, dass ihn Gott auf diesen Weg führte.

Am bedrückendsten ist wohl der Widerstand, der aus eigenem Unvermögen und Versagen, eigener Schuld und Bosheit erwächst. Ein Tief, das dadurch entsteht, ist ein warnender Schmerz. Er kann zur Befreiung führen, wenn er mich veranlasst, mich eines Besseren zu besinnen und umzukehren. Dieser Schmerz kann auch eine Verbundenheit mit Gott zum Ausdruck bringen – wenn mir bewusst wird, dass Gott sich in seiner Liebe von mir treffen lässt; dass meine Verirrung ihn schmerzt. Diese Anteilnahme bietet wohl den stärksten Impuls zur Veränderung. Das eigene Ungenügen erleben viele Heilige als sehr schmerzhaft. So sagt etwa Philipp Neri, er habe ja gar nichts Gutes getan, Theresia von Avila bezeichnet sich als die größte Sünderin. In diesem

Schmerz erfahren sie aber erneut und vertieft die Liebe Gottes, die sie anspornt.

Die Tiefs können aber auch direkt aus der Verbundenheit mit Gott entstehen. Wer sich auf Gott einlässt, nimmt seinen Blick auf und wendet sich in seiner liebenden Haltung der Welt zu – und ist bald betroffen und getroffen von deren Not und Verirrung.

Sogar das furchtbare Tief des Gefühls, von Gott verlassen zu sein, kann aus der Verbundenheit mit ihm kommen. Alle Mystiker erleben diese Nacht der Mystik. Letztlich wird in ihr erfahren, dass Gott selbst in der scheinbaren Abwesenheit anwesend ist und dass auf jener Ebene jenseits von Gefühl und Verstand die dauernde Begegnung mit ihm stattfindet. Dieses Tief bietet auch die Teilnahme an der Erfahrung der Gottverlassenheit, die Jesus am Kreuz als Ausdruck seines unbedingten Ja zu uns Menschen auf sich genommen hat (»Mein Gott, mein Gott, warum hast Du mich verlassen?«). Mutter Teresa von Kalkutta hat über vierzig Jahre eine solche innere Trockenheit erlebt und dabei in den Ärmsten Christus immer mehr gefunden. (Dieses Thema wird uns im nächsten Kapitel noch näher beschäftigen.)

Durch all diese Höhen und Tiefen mussten sich die Heiligen durchkämpfen wie jeder Mensch. Sie haben das »volle Programm« durchgemacht – und nicht etwa vorher das Drehbuch schon gekannt, sodass sie unangefochten alles durchgespielt hätten.

Und wenn einem einmal eine besondere Erkenntnis geschenkt wurde, so ging es genauso mühsam darum, sie in die eigene Lebenswirklichkeit umzusetzen – von der Vision zur Aktion ist es auch bei den Heiligen ein mühsamer Weg.

»Heiligtum« ist eben keine besondere Begabung, sondern das besondere Annehmen des allen angebotenen Geschenks Gott.

»Wenn die Heiligen spirituell auch nur mit Wasser kochen«, meinte mein eingangs erwähnter Gesprächspartner, »dann schaut mein mäßig erfolgreicher Kampf gegen den Rückfall in die ewig gleichen Fehler ganz anders aus. Es fehlt mir ja eigentlich auch weniger an Erkenntnis als an deren Anwendung. Bemüh' ich mich halt weiter …«

Lebensbild 3

Theresia von Avila
(1515–1582)

Als Theresia von Avila geboren wurde, war Spanien die reichste Weltmacht und schien einer prachtvollen Zukunft entgegen zu gehen. Die Lebenszeit Theresias umfasst einen Gutteil des Jahrhunderts, das die Spanier ihr »goldenes« nennen. Das reichlich hereinströmende Gold aus Übersee brachte nicht nur Wohlstand und weltpolitische Macht, es blockierte auch die wirtschaftliche, politische und geistige Erneuerung (man hatte es nicht nötig…). Im importierten Reichtum erkennt man heute einen entscheidenden Grund für den Niedergang Spaniens, der zum Ende des Jahrhunderts schon schmerzlich wahrnehmbar war.

Die Zeit war im Umbruch. Das alte Bild der Welt war untergegangen. Der Mensch musste sich neu orientieren auf der Erde, die sich nun größer und unbekannter darstellte, und im Universum, das nicht um die Menschheit kreiste. Alte Bindungen wurden brüchig, und auch die Beziehung zu Gott war ihrer gesellschaftlichen Selbstverständlichkeit verlustig gegangen – sie musste persönlich neu gefunden werden.

In dieser Zeit wird Theresia in eine Familie spanischer Herren hineingeboren – stolz, tapfer, leidenschaftlich und unbeugsam. Das beträchtliche Erbteil an Energie und Entschlossenheit wird Theresia gut investieren. Einer ihrer Großväter war ein »converso«, ein getaufter Jude und hatte (wie viele andere) Probleme mit der Inquisition. Das Drama des höchstpersönlichen Wegs zu Gott wird auch zum Thema von Theresias Leben werden.

Inmitten des Aufbruchs einer neuen Zeit schwelgte der Zeitgeist – oder eigentlich: der Zeitgeschmack – noch in mittelalterlichen Abenteuern. Da eroberte sich Spanien mit Feuerwaffen eine neue Welt – und schwärmte von ritterlicher Romantik. Don Quichotte personifizierte den Geisteszustand dieser Gesellschaft.

Auch Theresia ist von diesen »Idealen« erfasst. Sie verfasst sogar einen schaurigen Ritterroman. Selbst die religiösen Vorstellungen sind von diesen realitätsfernen Schwärmereien geprägt.

Theresia ist leicht zu begeistern und zu entflammen. Als Kind schon läuft sie mit ihrem kleineren Bruder von zu Hause weg. Sie will im Kampf gegen die Mauren als Märtyrerin sterben. Statt Ruhm gibt's Strafe für die Ausreißer.

Als junge Frau verliebt sie sich (wie sie selbst berichtete) nur allzu leicht heftig – sodass sie »tagelang an nichts anderes denken kann«. Sie war offenbar eine Schönheit, die so manchem Mann den Kopf verdrehte – und ihren Charme weiß sie bis ans Ende ihres Lebens einzusetzen.

Mit zwanzig tritt sie ins Kloster ein und wird Karmeliterin. Ihr Vater soll strikt dagegen gewesen sein – aber chancenlos gegen Theresias Willen. Allerdings wählt Theresia ein durchaus standesgemäßes Leben. Im Kloster lebt es sich recht angenehm. Die Zellen sind eher Appartements. Die Sprechzimmer haben zwar ihre Gitter, sind aber eher Salons, in denen die gute Gesellschaft verkehrt – und so die Schwestern in ihr soziales Gefüge einbindet.

Dennoch: Was mag die lebenslustige Theresia veranlasst haben, das Leben einer Nonne zu wählen?

Wollte sich diese eigenwillige Frau einfach keinem Mann unterwerfen? Es gab für sie ja nur die Alternative Ehe oder Kloster.

Die heilige Theresia von Avila mit dem Heiligen Geist und einem Engel, der das durchbohrte Herz und eine Granatfrucht trägt (Gemälde von Gottfried Bernhard Göz, 1737).

Oder hat sie begonnen, ihren heftigen Gefühlsregungen zu misstrauen und Sicherheit im geregelten Leben eines Klosters gesucht? Sie selbst sagte, dass sie sich aus unterwürfiger Angst entschieden habe.

Auf dieser unbefriedigenden Grundlage lebt sie fast zwanzig Jahre unauffällig, aber unerfüllt dahin – durchschnittlich und anständig, recht bequem und nett. Sie hat hin und wieder eine schöne geistliche Empfindung, aber das Gebet fällt ihr oft schwer, die Zeit wird ihr zu lang. Es ändert sich nichts, sie entwickelt sich nicht – ihr Leben scheint den Zustand Spaniens zu spiegeln.

Ihr innerer Zustand bricht schließlich als Krankheit aus: Sie erleidet einen lebensgefährlichen Starrkrampf und bleibt danach drei Jahre gelähmt. In diesem Leid löst sich aber ihre innere Starre, und sie wird auch körperlich wieder beweglich.

Gott schenkt ihr intensive mystische Erfahrungen. Sie wird sensibel für die großen Nöte und Verirrungen der Welt – und leidet darunter. Sie erfährt inmitten dieses Elends die immer intensivere Nähe Gottes und steht fassungslos davor – bis sie sich ganz erfassen lässt. Sie fühlt sich danach aber ganz von Gott verlassen – in äußerster Einsamkeit und Dunkelheit. Um schließlich zu erfahren, dass Gott auch in dieser scheinbaren Abwesenheit anwesend ist. Sie erfährt die innigste Nähe zu Gott und erkennt, dass die noch innigere Verbundenheit mit ihm darin besteht, nach seinem Beispiel in der Welt für die anderen da zu sein.

Ihre Begeisterung möchte sie weitergeben, aber sie stößt auf Reserviertheit und Widerstand. Das Erlebte ist als solches nicht darstellbar, und jede Veränderung empfinden viele als gefährlich.

So werden die Visionen und Ekstasen Theresias von namhaften Theologen als Unfug oder sogar Teufelswerk abgetan. Bis in ihre letzten Lebensjahre wird sie von der Inquisition (die in Spanien nicht zuletzt politische Funktion erfüllte) überprüft und verfolgt. Sie wird in ihrem Kloster unter Arrest gesetzt.

Aber es gelingt Theresia, aus ihrer inneren Erfahrung praktisch lebbare Konsequenzen zu ziehen. Es geht darum, sich radikaler der Realität auszusetzen, sich darin der Gegenwart und dem Wirken Gottes zu öffnen und sich von ihm zum Handeln inspirieren zu lassen.

Sie greift auf die ursprünglichen Lebensformen zurück. Die kärglichen Umstände bringen einen der Welt näher und machen empfindsamer für ihre Schönheit und ihre Nöte, ihren Reichtum und ihre Probleme.

*Theresia empfiehlt und lehrt das betrachtende Gebet.**

** Beim mündlichen Gebet werden vorgegebene oder frei formulierte Worte ausgesprochen oder gedacht (manche meinten, man müsse dabei zumindest die Lippen bewegen).*
Beim betrachtenden Gebet versetzt man sich gedanklich in eine bestimmte Situation (etwa in ein Geschehen oder vor ein Bild aus der Heiligen Schrift, aber auch vor ein Wort oder einen Satz), die man dann betrachtet – auf sich einwirken lässt und darauf reagiert. Meist endet das betrachtende Gebet in einem inneren Dialog mit Gott.

Zeitlebens in inniger Verbundenheit mit Theresia von Avila: Johannes vom Kreuz

Diese individuelle Zuwendung zu Gott ist für viele Machthaber in Kirche und Staat eine echte Bedrohung. (Einige Großinquisitoren verbieten denn auch ausdrücklich das betrachtende Gebet und individuelle geistliche Lektüre.) Aber eben diese »moderne Frömmigkeit« (so wird sie genannt – devotio moderna) gibt dem Menschen, der aus einer zerfallenden Welt in die Leere seiner selbst gestürzt zu sein scheint, neuen Halt und neue Orientierung. Die höchstpersönliche Beziehung zu Gott untermauert die einzigartige Eigenständigkeit eines jeden Menschen, verbindet ihn aber auch mit al-

lem anderen beständiger als jede formale Ordnung. Jeder kann sich Gott so stellen und ihn so in seiner Wirklichkeit finden.

Bei allen Widrigkeiten findet Theresia auch wichtige Helfer. Einflussreiche Theologen, Bischöfe, Kardinäle und selbst der König treten für sie ein. Aber es bleibt ein Auf und Ab. Selbst päpstliche Weisungen werden von ihren Gegnern ignoriert. Aber Theresia ist zäh und gibt nicht auf. Sie scheut keine Auseinandersetzung, doch ihre Gegner meiden die Diskussion mit ihr.

Vor allem findet Theresia immer mehr Schwestern – und dann auch Brüder, die die Erneuerung des Ordens leben wollen. Unermüdlich zieht Theresia durch Spanien, um neue Klöster zu gründen – gut dreißig werden es schließlich sein. Zusammen mit dem heiligen Johannes vom Kreuz, einem großen Mystiker, dem sie tief verbunden ist, reformiert sie auch den männlichen Orden der Karmeliten (die böse Nachrede ist ihr sicher ...). Aber zwei Jahre vor ihrem Tod erhält Theresia von Avila die päpstliche Bestätigung ihrer Ordensregel und damit die Absicherung ihrer Lebensform und Spiritualität.

Bei all ihrem Reformeifer und aller Konsequenz bleibt Theresia eine leidenschaftliche Frau. Die Erfahrung der Nähe Gottes hat ihre Leidenschaft nicht verdünnt, sondern intensiviert. Sie handelt nicht mehr aus Angst, sondern aus Erfülltheit.

Sie weiß das Leben zu genießen. Sie liebt Süßigkeiten und zeigt guten Appetit, wenn ihr köstlich aufgetischt wird. Als ihr das jemand vorhält, antwortet sie: »Wenn Fasan, dann Fasan – und wenn Fasten, dann Fasten.«

Sie heitert ihre Mitschwestern mit Singen, Scherzen und selbstverfassten Gedichten auf. Sie sorgt dafür, dass die Askese nicht übertrieben wird. Denn diese ist kein Ziel für sich, sondern nur ein Mittel, sich von Behinderungen zu lösen, um das Köstlichere intensiver verspüren zu können.

Gegen Bedrücktheit empfiehlt sie frische Luft statt Bußübungen. Wenn der Körper nicht mitmache, müsse eben auch das Gebet warten. Und eine griesgrämige Nonne sei mehr zu fürchten als eine Schar Teufel.

Mit Pater Gracian verbindet sie eine tiefe Liebe, die sie in allen Ehren lebt und nicht unterdrückt – jahrelang schreibt sie ihm täglich Briefe.

Sie nähert sich Gott respektvoll wie dem höchsten König, erfährt ihn aber als guten Freund und nennt ihn sogar einen exzellenten Liebhaber.

Sie sagt von sich, sie sei nur ein Weib – und obendrein kein gutes. Aber die systematische Zurücksetzung der Frau in Gesellschaft und Kirche nimmt sie nicht einfach hin. Sie lobt Gott, dass er nicht wie die männlichen Richter sei, die eine Frau nicht zu schätzen und einzuschätzen wüssten.

Sie kämpft gegen den Paulussatz, dass die Frau in der Kirche schweigen solle. Das trägt sie auch in einer Vision Gott vor und vernimmt, dass man einen Satz nicht aus dem Zusammenhang reißen, sondern den Zusammenhang der Heiligen Schrift beachten solle – Gott werde sich seine Hände nicht von Theologen binden lassen.

Die persönliche Beziehung zu Gott macht Theresia in aller Demut doch selbstbewusst auch ihm gegenüber. Sie scheut sich nicht, ihm zu sagen, dass sie ihn nicht verstehe, wie er die grausame Behandlung des Johannes vom Kreuz habe zulassen können.

Es sei ein Kreuz, seinen Verstand jemandem unterordnen zu müssen, der keinen hat, fasst sie einmal ihre Probleme mit der Inquisition zusammen. Sie habe das nie gekonnt und könne auch nicht glauben, dass das richtig sei. Kein Wunder, dass eine solche Frau schwachen Obrigkeiten nicht geheuer ist.

Diese Frau spricht dann auch noch davon, dass es verschiedene Wege in den Himmel gebe, und bemüht sich in ihrem Umfeld, dass die geistliche Entwicklung eines Menschen nicht eingeschränkt wird. Diese Frau lobt vor der Inquisition die Sicherheit des Gewissens und die Freiheit des Geistes – und zeigt vor dieser bedrohlichen Institution keine Furcht. Da kann sich ein System schon ängstigen …

Was gibt Theresia ihre Kraft? Ihre Erfahrung ist in dem Satz zusammengefasst: »Gott allein genügt! (Solo Dios basta).« Das klingt aufs Erste bescheiden, ist aber der größte Anspruch überhaupt – mit nichts weniger als mit Gott will sie sich zufrieden geben. Mit weniger als Gott können wir uns nicht wirklich zufrieden geben! Das hat Theresia erfahren, und das hat sie gelebt – samt allen Umwegen, Hindernissen, Schwächen und Versa-

gen. Manchmal war sie der Verzweiflung schon sehr nahe – auch nach allen mystischen Erlebnissen. Aber sie wollte sich nicht mit zu wenig zufrieden geben. Nur Gott genügt.

In der Nacht vom 4. auf den 15. Oktober 1582 stirbt Theresia von Avila – das ist kein Druckfehler. Es war die Nacht der Umstellung auf den Gregorianischen Kalender, in der zehn Tage übersprungen wurden. Theresia von Avila lebte hinein in eine neue Zeit.

Sie wandte sich nicht zurück, dem Bild einer schwärmerisch verzerrten Vergangenheit zu. Sie suchte ihr Heil nicht in der sturen Verteidigung eines formalen Systems der Abhängigkeiten. Sie ließ sich auf eine lebendige, persönliche Beziehung zu Gott ein und ermutigt bis heute, diese Beziehung zu wagen, die jedem angeboten ist – mit all ihren heftigen Krisen und umfassenden Freuden.

Lebensbild 4

Mutter Teresa von Kalkutta
(1910–1997)

Die spätere Mutter Teresa wird als Agnes Gonhxa Bojaxhiu am 26. August 1910 in Skopje geboren, das damals zur Provinz Kosovo des Osmanischen Reiches gehörte. Sie stammt aus einer albanischen Familie. Ihr Vater ist ein erfolgreicher Kaufmann. Zwei ihrer vier Geschwister sterben als Kinder. Der Vater kommt ums Leben, als Agnes acht Jahre alt ist. Sein Tod verändert die wirtschaftliche Situation der Familie dramatisch, doch schafft es die Mutter, ihre Kinder gut durchzubringen. Die Mutter prägt mit ihrer Liebe, ihrem Gottvertrauen und ihrem Empfinden für die Schwachen ihre Kinder nachhaltig.

Als Zwölfjährige begeistert sich Agnes für Berichte aus den Missionen. Das bleibt keine jugendliche Schwärmerei, sondern entscheidet ihr Leben. Sie will als Ordensschwester nach Indien.

Als sie 18 ist, verlässt sie Skopje und reist nach Irland, wo sie in die Gemeinschaft der Loreto-Schwestern aufgenommen wird. Kurz darauf wird sie nach Kalkutta gesandt. Dort legt sie mit knapp 21 Jahren ihr Ordensgelübde ab und nimmt den Namen Teresa an.

Teresa wird Lehrerin und schließlich Direktorin an

der St. Mary's High School. In dieser Zeit schreibt sie ihrer Mutter: »Unsere Schule ist sehr schön. Ich unterrichte, meine Arbeit gefällt mir, und alle mögen mich.« Die Mutter antwortet ihr: »Meine liebe Tochter, vergiss nicht: Du bist in ein fernes Land gezogen, um den Armen zu helfen.«

In ihrer freien Zeit besucht Teresa die Slums und versucht zu helfen. Eines Tages findet sie eine schwerkranke Frau auf der Straße. Teresa versucht, sie in ein Spital zu bringen. Die Frau wird aber nirgendwo aufgenommen und muss auf der Straße sterben.

Teresa lebt ein »schönes« und engagiertes Ordensleben, aber sie ist nicht erfüllt davon. Da vernimmt sie im September 1946 – sie reist gerade in einem überquellenden Zug – eine innere Stimme, die ihr aufträgt, sie solle sich ganz und gar den Ärmsten widmen. Diese Stimme begleitet sie in der folgenden Zeit. Teresa prüft diese Eingebung und lässt sie prüfen – sie hat die unerschütterliche Gewissheit, dass diese Stimme ein Ruf Gottes ist. Teresa nennt das ihre »Berufung in der Berufung«.

Am liebsten würde sie alles liegen und stehen lassen und dem Ruf folgen, aber sie nimmt den schwierigen Weg der kirchlichen Entscheidung auf sich. Der Erzbischof von Kalkutta lässt alles gründlich untersuchen und fördert dann Teresa konsequent.

1948 erhält Teresa die erbetene Entlassung aus ihrem Orden. Sie legt eine neue Tracht an: den weißen Sari der armen Inderinnen mit blauem Saum – und einem kleinen Kreuz auf der Schulter. Und sie geht ohne alle

Mittel einfach unter die Armen – bis zum Zusammenbruch. Der kluge Erzbischof trägt ihr auf, zunächst in einem Spital zu lernen, damit sie gesundheitliche Basishilfe leisten kann.

Teresa beginnt, Kinder im Slum zu unterrichten – ohne alle Lehrbehelfe. Sie nimmt sich der Kranken an. Schließlich erkennt sie, dass die Allerärmsten jene sind, die einsam und verlassen auf den Straßen sterben. Einen nach dem anderen holt sie, pflegt ihn und ist bei ihm in den letzten Stunden.

Ehemalige Schülerinnen besuchen sie, helfen ihr aus, einige wollen ganz bei ihr und ihrer Arbeit bleiben. 1950 anerkennt der Erzbischof von Kalkutta die Gemeinschaft als »Missionarinnen der Nächstenliebe« – zwölf Schwestern sind es damals. Teresa leitet die neue Kongregation als Mutter Teresa bis kurz vor ihrem Tod – da sind es über 4000 Schwestern, verteilt auf gut 600 Gruppen in 123 Ländern; dazu kommen ein männlicher Zweig des Ordens und eine Organisation von Mitarbeitern, sowie ein weiblicher und ein männlicher kontemplativer Zweig. Die aktiven Teile üben praktische Nächstenliebe an den Ärmsten der Armen. Die Kontemplativen beten täglich drei Stunden in der Gemeinschaft und eine in einer Pfarre. Zwei Stunden täglich gehen sie hinaus, um über Jesus zu reden. Sie dürfen sich dabei nicht aufdrängen, sondern nur zu denen sprechen, die das wünschen.

Als Papst Paul VI. 1965 zum Eucharistischen Kongress nach Bombay kommt, soll Mutter Teresa an der feierlichen Messe teilnehmen. Auf dem Weg dorthin begegnet sie jedoch zwei verlassenen Sterbenden am Straßenrand. Sie bleibt bei ihnen, pflegt sie, und sie sterben in ihren Armen – für die Papstmesse aber ist es zu spät.

Doch Paul VI. kommt, um das »Haus der Sterbenden« zu besuchen. Er ist tief bewegt und überlässt Mutter Teresa das Auto, das man ihm für seinen Indienbesuch geschenkt hat (einen weißen Lincoln). Sie macht den Wagen zum Hauptpreis einer Lotterie – und gründet mit dem Erlös ein neues Haus für die Ärmsten.

Bei einer Audienz bittet Mutter Teresa Papst Johannes Paul II., auch im Vatikan ein Haus für die Armen gründen zu dürfen. Der Papst sagt ihr das zu. Bei der nächsten Audienz ist aber noch nichts geschehen, und Mutter Teresa insistiert auf ihrer Bitte. Vor dem nächsten Treffen sagt der Papst zu seinen Mitarbeitern: »Sobald sie mich sieht, wird sie schon nach dem Haus fragen.« Und bevor Mutter Teresa noch etwas sagen kann, drückt er ihr bei dem Gespräch die Schlüssel für das Haus in die Hand.

Immer mehr rückt Mutter Teresa in den Blick der Weltöffentlichkeit. Die kleine, zarte, immer gebrechlicher wirkende Frau, die in äußerster Einfachheit und Bescheidenheit unmittelbar für die Ärmsten, die Sterbenden da ist, wird zu einer Art lebender Ikone. Ihr stets freundliches Lächeln, ihre spürbare Güte berühren allgemein. Viele Menschen aus allen Kulturen und Religionen betrachten sie als Heilige – nicht zuletzt Men-

schen, die für die Idee der Heiligkeit gar nichts übrig haben.

1979 wird Mutter Teresa mit dem Friedensnobelpreis ausgezeichnet. Ihre Ansprache widmet Mutter Teresa den ungeborenen Kindern und ihrem Recht auf Leben. (Das stört manchen in der noblen Festgesellschaft.) Sie bittet, auf das übliche Bankett zu verzichten und ihr das Geld für die Armen zu geben – davon erhalten 2000 Arme in Kalkutta ein Weihnachtsessen.

Ist das nicht eine geistliche Idealkarriere, eine überaus begnadete, glückliche Biografie?

Die Strapazen, die Mutter Teresa im direkten, persönlichen Dienst an den Armen auf sich nimmt, sind enorm. Dabei leidet sie seit jungen Jahren an Lungenschwäche und hat seit Beginn der 80er Jahre mindestens vier schwere Herzattacken. Aber bis zu ihren letzten Tagen tut sie ihren Dienst.

Je bekannter Mutter Teresa wurde, desto mehr sammelten sich auch die Vorwürfe: Was sei schon damit getan, Sterbende von der Straße zu holen. Man müsse die Gesellschaft umgestalten. Dem hielt Mutter Teresa entgegen, wer sich gerufen fühle, Strukturen zu ändern, solle das nur tun. Sie aber fühle sich gerufen, für den Armen da zu sein und ihm die höchstpersönliche Liebe Gottes zu schenken. Ein Sterbender, den sie aus dem Abwasserkanal geholt, gewaschen und gepflegt hatte, und dem sie nun in den letzten Stunden nahe war, sagte lächelnd: »Ich habe gelebt wie ein wildes Tier, aber ich sterbe wie ein Engel.«

Man warf Mutter Teresa auch vor, sie schaue nicht genau, woher das Geld stamme, das sie für ihre Armen annahm. Sie scheint sich tatsächlich nicht sonderlich darum gekümmert zu haben, ob die Spenden von absolut unbedenklichen Quellen kamen. Die Tatsache, dass das Geld für die Ärmsten verwendet wurde, war für sie Rechtfertigung genug, es anzunehmen (aber es ist natürlich keine Rechtfertigung des Unrechts, das der Spender möglicherweise begangen hatte).

Sie kümmere sich nur deswegen um die Sterbenden, weil sie so Wehrlose in die Kirche hineinziehen könne. So sehr Mutter Teresa für das Recht kämpfte, getauft zu werden, wenn jemand das wünschte, so sehr wies sie doch jeden Versuch zurück, die Sterbenden zu bedrängen. Aufgabe der Schwestern sei es nur, die Liebe Gottes spüren zu lassen. Immer wieder ermunterte sie die Sterbenden, in ihrer eigenen Art zu beten, während sie diese mit ihrem Gebet begleitete.

Mitunter scheint Mutter Teresa die Geduld sehr schwer gefallen zu sein. Als sie ihre vertiefte Berufung für die Armen vernahm, wollte sie zuerst nicht mehr zuwarten, nahm aber dann doch die Geduldsprobe eines kirchlichen Verfahrens auf sich.

Mit einer gewissen Sturheit (um nicht zu sagen Verbohrtheit) bestand sie längere Zeit auf der Formel der »absoluten Armut« – die es rechtlich nicht gibt – für ihre Gemeinschaft.

Eine enge Mitarbeiterin schilderte, wie Mutter Teresa wiederholt ärgerlich geworden sei und ihr ungerechte

Vorwürfe gemacht habe. Vor ihr sei es einer anderen Schwester so gegangen und davor wieder einer anderen. Offenbar habe Mutter Teresa jemanden gebraucht, an dem sie den großen Druck habe ablassen können.

Aber bei allen Schmerzen, Vorwürfen, Belastungen und eigenem Versagen bewahrte Mutter Teresa doch eine große innere Klarheit und Entschiedenheit. In den Armen war sie Christus nahe. Von Gott war sie doch so erfüllt, dass man das von der Ferne spüren konnte. Eine solche Gnade wiegt wohl alle Probleme auf und hilft einem, alle Schwierigkeiten zu meistern. Wer die Nähe Gottes so erlebt, tut sich leicht damit, ein Heiliger zu sein und Güte und Barmherzigkeit auszustrahlen wie Mutter Teresa.

Was fast niemand wusste: Mutter Teresa erlebte über mindestens vierzig Jahre ihres Lebens (und wohl bis zu ihrem Tod!) eine beinahe ununterbrochen äußerste innere Dunkelheit und Leere. Sie verspürte keine Nähe und Zuwendung Gottes.

Nur ihren geistlichen Begleitern erzählte Mutter Teresa davon. Sie spricht von furchtbarer innerer Finsternis und Eiseskälte. Dabei hört sie nicht auf, Gott innig zu lieben und sich nach ihm zu sehnen. Sie weiß auch mit der Gewissheit des Glaubens, dass sie in den anderen Menschen Gott begegnet – aber das innere Verspüren dieser Wirklichkeit ist ihr über Jahrzehnte verschlossen.

Die Aufzeichnungen der geistlichen Erfahrungen sind auch bei Mutter Teresa weitgehend vernichtet. So wissen wir nur von einer einzigen Woche in den letzten vier Jahrzehnten ihres Lebens, in der sie die innere Erfüllung, Verbundenheit, ja Einheit mit Gott verspüren durfte.

Nach etwa fünfzehn Jahren beginnt sie, diese Dunkelheit zu lieben und findet Trost in der Einsicht, dass sie darin dem gekreuzigten Jesus nahe ist – in seiner Erfahrung der Gottesferne (»Mein Gott, mein Gott, warum hast Du mich verlassen?«).

Am 5. September 1997 stirbt Mutter Teresa in Kalkutta.

Was fast niemand wusste: Mutter Teresa entbehrte über Jahrzehnte die innere Nähe und Zuwendung Gottes.

Es ist nicht überraschend, dass Mutter Teresa derart weit verbreitete und spontane Verehrung genießt – antworten ihr Leben und ihre Persönlichkeit doch auf große Bedürfnisse und Nöte unserer Zeit:

In dieser Zeit immer unpersönlicherer Massenabfertigung und schablonenhafter Schematisierung selbst intimer Lebensbereiche repräsentiert Mutter Teresa schlichte persönliche Zuwendung und Liebe – ohne Nebenabsicht und Hintergedanken.

In dieser Zeit des Wahns totaler Machbarkeit ist sie einfach da – auch wenn gar nichts mehr »zu machen« ist.

Im Jahrhundert schrecklichster Menschenverachtung und -vernichtung erweist sie selber jedem Leben liebevollen, zärtlichen Respekt.

In unserer gefühlsgierigen Zeit, die wohl gerade deswegen besonders anfällig ist für Süchte aller Arten (und jede Sucht raubt Freiheit und Persönlichkeit), lebt Mutter Teresa äußerste innere Trockenheit und Verlassenheit ohne Verbitterung. Ja, sie strahlt Liebe und Güte aus. Darin erfährt sie eine Verbundenheit mit Gott, die sie nicht fühlt, die aber tiefer geht, als je ein Gefühl reichen kann.

Einem Journalisten, der sie fragte, was sie denn dabei empfinde, wenn sie als »lebende Heilige« bezeichnet werde, antwortete sie voller Liebenswürdigkeit: »Ich bin sehr froh, wenn Sie in mir Jesus Christus sehen können, denn ich kann Jesus Christus in Ihnen sehen. Die Heiligkeit ist für uns alle – Sie mit inbegriffen, mein lieber Herr!«

Kapitel IV

Durch die Wüsten

»Womit habe ich das verdient?«, höre ich immer wieder jemanden über sein Unglück klagen. Oder noch deutlicher: »Ich habe doch nichts Böses getan! Warum straft mich Gott derartig?«

Ich war ein (zumindest phasenweise) recht schlimmes Kind und habe mich dann auch oft in mein Unrecht hineingesteigert. Wieder einmal hatte ich etwas angestellt. Was es war, habe ich völlig vergessen, aber an die Folgen erinnere ich mich noch ganz genau: In meinem Trotz und in meiner Wut fiel ich über unsere Stiege ein halbes Stockwerk tief. »Das ist die Strafe Gottes!«, meinte meine Mutter (nachdem sie festgestellt hatte, dass ich nicht verletzt war). Ich lief gleich die zweite Treppenhälfte weiter ins Geschäft meiner Eltern und erzählte dort den Kunden: »Haben Sie schon gehört? Der liebe Gott hat mich die Stiege hinuntergeschmissen!« – und ich weiß noch, wie ich das einerseits sehr aufregend, andererseits aber arg hinterhältig fand. Ich zweifelte keineswegs daran, dass ich etwas Unrechtes getan hatte (auch daran erinnere ich mich genau). Eine Strafe fand ich also durchaus gerecht – so wie sie mein Vater verabreichte: mit Erklärung und mit der Möglichkeit, sie durch Einsicht abzuwenden (was ich in meinem Trotz aber nie tat). Mir jedoch unsichtbarerweise auf der Treppe ein Bein zu stellen, das empfand ich als ausgesprochen unfair. (Dabei war es schon faszinierend, dass sich Gott eigens bemüht hatte – aber unfair blieb unfair. Da war mein Vater viel gerechter!)

Meine Mutter hörte mich aufgeregt und empört mitteilen: »Haum's schau g'hert? Da liabe Gott hat mi üba de Stiagn abig'schmissn!« (so klang es im Original). Vielleicht kam ihr auch das Bild des unsichtbaren Bein-Stellers in den Sinn. Jedenfalls erzählte sie mir später, ihr sei in diesem Moment bewusst geworden, welch ein Unsinn diese Redensart eigentlich ist – und hat sie uns Kindern gegenüber nie wieder angewandt.

Ich bin überzeugt, dass Gott überhaupt nicht straft. Wenn er uns vor den negativen Folgen falschen Handelns warnt, so ist das keine Strafandrohung, sondern ein Hinweis auf die inneren Konsequenzen unseres Tuns. Wer sich vom Guten entfernt, erfährt notwendigerweise weniger Gutes. Wir stellen uns gleichsam selbst das Bein und verrennen uns in unserem Trotz.

Ist das nicht eine Verharmlosung Gottes? Die Konsequenzen unserer Bosheit sind gar nicht harmlos – nicht einmal für Gott, der sich ihnen als Mensch aussetzt und sein Leben für sie einsetzt.

Kommt von Gott also nur Schönes, Angenehmes und Wohltuendes, das wir bösen Menschen nur durch unsere Schlechtigkeit ins Gegenteil verkehren? Von Gott kommt nur Gutes – das ist aber keineswegs immer angenehm. So manche Medizin ist bitter, so mancher Heilungsprozess schmerzhaft, so manche Warnung tut weh und so manche Erkenntnis verletzt.

Wenn wir den Sinn in den unangenehmen Erfahrungen wahrnehmen, können wir mit ihnen meist ganz gut umgehen. Der Sinn der Sache erschließt sich aber nicht immer leicht.

Wenn der Sinn unseres Lebens darin besteht, Gott und unseren Mitmenschen stets liebevoller näher zu kommen, welchen Sinn kann es dann haben, wenn diese Nähe ohne jede Schuld verloren geht – wenn Gott sich gleichsam entzieht und versteckt?

Derartige Erfahrungen bleiben kaum einem Menschen erspart. Alle Heiligen machen sie durch. Und es handelt sich dabei nicht um das Auf und Ab wechselhafter Entwicklungen, sondern oft um lange Perioden innerer Dunkelheit, Einsamkeit und Eiseskälte.

Ist das nicht eine Grausamkeit Gottes? Muss man es nicht schlicht als pervers bezeichnen, sich denjenigen zu entziehen, die sich nach einem sehnen und einen lieben – und sie so zu quälen?

Der Hinweis, dass wir Gott keine Vorschriften zu machen haben, wie er handeln soll, hilft uns nicht weiter. Es geht ja darum, ob wir ihm glauben können, dass er wirklich gut ist, es gut mit uns meint und uns Gutes tut.

Also schauen wir uns erst einmal die Fakten näher an. Die Lebensberichte der Heiligen schildern uns nicht nur äußere Schwierigkeiten und Widerstände, die in innerer Überzeugung und Glaubenskraft durchlitten und überwunden werden. Sie stellen auch die viel belastenderen inneren Nöte dar, die die Heiligen durchleiden und die sich oft sehr lange hinziehen: erschütternde und deprimierende Gefühle der Unzulänglichkeit, Einsamkeit und Verlassenheit, die nicht selten nach Phasen innerer Hochstimmung oder des Erfolgs auftreten.

Was kann Ursache und Sinn solcher Phänomene sein, wenn wir Neid, Strafe, Prüfung und natürliche Reaktion ausschließen wollen. Und die müssen wir ausschließen können, wenn wir Gott als gut erkennen sollen.

Neidisch mögen uns viele Götterfiguren geschildert werden, aber Neid ist alles andere als gut. Der eine Gott, der sich seinem Volk und in Christus der ganzen Welt geoffenbart hat, lässt denn auch nirgendwo Spuren von Neid erkennen.

Da in den angesprochenen Fällen keinerlei Schuld der Betroffenen zu finden ist, wäre eine Strafe höchst ungerecht – was wiederum die Güte ausschlösse.

Auch ein »Belastungstest« ist mit einem guten Gott nicht vereinbar. Er muss ja schließlich ohnehin wissen, was der Getestete aushält, braucht also die Probe aufs Exempel nicht – die somit nur eine unnötige Quälerei und in höchstem Maße lieblos wäre.

Eine natürliche Reaktion auf die vorangegangene Euphorie – etwa in einer Art hormoneller Erschöpfung – wäre denkbar. Aber ganz abgesehen davon, dass diese inneren Nöte nicht nur nach begeisterten Phasen auftreten, ließe sich ein solches Modell leicht gegen einen guten Gott wenden, der seine Natur nicht besser erschuf. Da sie nach dieser Sicht nicht nur Mittel seiner Nähe, sondern auch ständiges Hindernis der Beziehung zu ihm wäre.

Sind solche negativen Ereignisse und Zustände denkbar als Hilfe, als Hilfe zu größerer Nähe und innigerer Verbundenheit mit Gott – wo sie doch offensichtlich das Gegenteil darstellen?

Recht alltäglich ist die Erfahrung, dass wir etwas oft erst dann richtig schätzen, wenn wir es verloren haben. Die Verlusterfahrung kann tatsächlich eine Beziehung wieder intensivieren und so eine Hilfe auch in der Beziehung zu Gott sein.

Doch taugt die Erklärung in den hier zu betrachtenden Fällen nicht, da kein Mangel an Sehnsucht, Wertschätzung und Verbundenheit festzustellen ist, ehe die Dunkelheit hereinbricht.

Theresia von Avila beschreibt eine Entwicklung, die uns von vielen Heiligen bekannt ist: Angesichts der Liebe Gottes, die sie spüren darf, nimmt sie schmerzlich wahr, dass ihre Antwort darauf höchst unzulänglich ist. Sie kommt sich armselig und elendig vor und spricht immer wieder von ihrer großen Schuld – womit sie aber das Empfinden der Differenz zwischen der Liebe Gottes und ihrer gelebten Liebe bezeichnet. In dieser Niedergeschlagenheit erfährt sie aber aufs Neue, dass Gott sich nicht abwendet, sondern sie gerade in ihrer Begrenztheit und samt all ihren Schwächen liebt. Darin wird ihr mehr und mehr bewusst, dass die Liebe Gottes noch viel größer ist, als sie bisher erahnt hat. Das ermutigt sie in ihrem eigenen Bemühen, gibt ihr Kraft und verbindet sie mit Gott im gemeinsamen Handeln.

Der Apostel Paulus schreibt von einem »Stachel« in seinem »Fleisch«, der ihn plage und den Gott trotz intensiver Bitte nicht von ihm nehme. Es ist viel gerätselt worden, worin denn dieser Stachel bestanden habe – ob es eine körperliche, eine psychische oder eine moralische Schwäche gewesen sei. Das ist aber nicht von Belang. Paulus hält an anderer Stelle fest, dass wir den »Schatz (der Erkenntnis Gottes) in zerbrechlichen Gefäßen tragen, damit das Übermaß der Kraft von Gott und nicht von uns kommt«. Im Bewusstsein der eigenen Großartigkeit geht man leicht in die Irre und kann dann recht verzagt werden – Paulus hat es am eigenen Leib erfahren. Im Vertrauen auf Gott eröffnen sich neue Wege.

Gott zeigt, dass er die Nähe herstellt, die wir nie selbst erreichen könnten – und dass er selber diese Nähe aufrechterhält und steigert. Er zeigt uns die Nähe nicht nur als Ziel, auf das er uns unter Mühen hinarbeiten lässt. Er kommt uns über die Grenze unserer Unzulänglichkeit entgegen und eröffnet in unserem Inneren neue Quellen der Kraft. Das Wahrnehmen der großen Differenz wird so nur zum Anstoß, uns noch mehr dem anzuvertrauen, der diesen Unterschied überwindet. Das ist richtige, nämlich ermutigende Demut, die die Dynamik der Liebe bestärkt.

Eine andere Art von Qual ist das Mit-Leiden an der Not der anderen, der Kirche, der ganzen Welt. Die Verbundenheit mit Gott sensibilisiert für die Mitmenschen und deren Situation in kleinen und großen Zusammenhängen. Kein Heiliger kann sich dieser Erfahrung entziehen.

Sehr plastisch sehen wir das an Theresia von Avila. Ihr großer innerer Aufbruch war geschehen. Sie hatte in einer zweiten Phase auch erkannt und realisiert, dass sie ihre Erfahrung in eine Erneuerung ihres Ordens einzubringen hatte. Sie hatte unter Mühen und Behinderungen neue, bescheidene Klöster gegründet, war glücklich und sprach von »kleinen Paradiesen«, die sie erleben durfte. Da brach die Weltgeschichte, die sie bisher nur in idealisierter Weise zur Kenntnis genommen hatte, drastisch in ihr Bewusstsein.

Mit der Glaubensspaltung im Reich, den Religionskriegen in Frankreich und der grausamen Eroberung der Neuen Welt durch Spanien hatte sie sich bislang nicht auseinandergesetzt. Die Landnahme Spaniens in Amerika, an der auch zwei ihrer Brüder beteiligt waren, hielt sie für ein Werk der Glaubensverbreitung.

Ein Brief König Philipps II. an alle Klöster macht in Spanien erstmals das Ausmaß der Glaubenskrise und -kriege in Europa bewusst. Theresia empfindet stark die Wunden am Leib der Kirche, mit der sie sich innig verbunden fühlt. Sie spürt aber auch die Schuld und das Versagen der Kirche, die Mitursache für diese Entwicklung sind – und das ist für sie ein viel größerer Schmerz, der sie nie mehr ganz verlassen wird.

Wohl noch schmerzlicher ist für Theresia, was sie über die Verhältnisse in Amerika erfährt. Der Franzis-

Bronzestatue der heiligen Theresia von Avila

kaner P. Maldonado war ein Mitkämpfer des Dominikaners Bartolome de Las Casas, der sich als Erster für die Menschenrechte der Indios einsetzte und die grauenhaften Lebensbedingungen anprangerte, die den Ureinwohnern von vielen Eroberern aufgezwungen wurden. Als P. Maldonado aus Übersee zurückkehrt, um dem spanischen König, dem Indienrat und dem Papst sein drastisches Memorandum über die Zustände in Lateinamerika zu überbringen, wird er von Theresia eingeladen, in ihrem Kloster den Schwestern zu berichten. Einen ganzen Tag lang schildert er die Unterdrückung, Vertreibung und Versklavung der Indios. Er macht deutlich, dass vielen von ihnen auf diese Weise Christus keineswegs nahe gebracht wird, sondern unmenschliche Barrieren aufgetürmt werden, die den Zugang zum Glauben behindern. Er wird wohl auch den Satz zitiert haben, der Bartolome de Las Casas zugeschrieben wird: »Ich habe gesehen, wie Indios vor dem Sterben die Sakramente verweigerten, weil sie nicht in das Paradies der Spanier kommen wollten.«

Die Bilder aus der Neuen Welt plagen Theresia fortan. Ihrem Bruder schreibt sie später von diesen Qualen. Manchmal könne sie, wenn die Rede auf diese Missstände käme, nur sagen, »dass wir schlimmer als die wilden Tiere sind«. Das Leid aus dieser Not mischt sich aus Mit-Leid mit den Unterdrückten, Hilflosigkeit gegenüber dem Unrecht, Sorge um die Unterdrücker und Zweifel an der Zukunft.

Hilflos und alleine kann man sich angesichts der großen Nöte dieser Welt und aller schwerer Ungerechtigkeiten fühlen. Was bleibt anderes übrig, als die Übeltäter anzuprangern und sich in aller Deutlichkeit von ihnen zu distanzieren? Man könnte auch noch mit Gott hadern, dass er so etwas zulässt.

Theresia von Avila geht nicht auf die Distanz der Selbstgerechten, die Anteilnahme durch Empörung ersetzen. Die Distanz, die jeder, der Unrecht tut, zwischen sich und Gott bringt, schmerzt sie – darin lebt eine Verbindung zum Entfernten. Sie nimmt sich nicht heraus aus dem Zusammenhang der Schuld – auch wenn es nicht ihre persönliche ist. »*Wir* sind schlimmer …«, schreibt sie.

Dieses mühsame Mitgehen und geduldige Aushalten verbindet mit Opfern und Tätern. Es stellt aber einen schier endlosen Marsch durchs unwegsame Gelände menschlicher Schuld dar.

Die Hilflosigkeit verbindet aber auch mit Gott. Denn Gott ist ebenso hilflos, wenn Menschen zu ihm Nein sagen, weil seine Liebe zu allen ihn hindert, unsere Freiheit aufzuheben. Hilflosigkeit und Trauer können so zu einer tieferen Erfahrung Gottes werden, dessen Liebe zu uns auch ihn hilflos und verletzbar macht (wie er uns in seiner Menschwerdung zeigt).

Das hat nichts mit Passivität zu tun. Theresia von Avila ist eine der aktivsten Persönlichkeiten ihrer Zeit. Sie reformiert den weiblichen und den männlichen Zweig ihres Ordens. Sie reist unermüdlich umher und gründet neue Klöster. Wo sie kann, tritt sie dem Unrecht entgegen. Als ihr enger Mitarbeiter, der heilige Johannes vom Kreuz, von seinen Mitbrüdern gefangen gehalten und regelrecht gefoltert wird, und als auch ihre Beichtväter vom Ordensoberen gefangen genommen werden, schreibt sie dem spanischen König mit kräftigen Worten, es wäre besser, wenn sie unter die Mauren gefallen wären, denn diese hätten vielleicht Mit-Leid gezeigt – im Gegensatz zum Ordensoberen. Und der König greift tatsächlich ein.

Aber es bleiben eben auch die vielen und andauernden Erfahrungen der Hilflosigkeit. Und dabei gerät mancher Heiliger an die Grenzen seines Gottvertrauens. Als sie erfährt, wie grausam Johannes vom Kreuz behandelt wurde, erzählt sie, sie bringe die Gedanken daran nicht aus ihrem Kopf »und ich verstehe nicht, wie Gott so etwas zulassen kann«.

Viel schwerer, als das eigene Leid auszuhalten, ist es, hilflos der Verirrung und dem Leid anderer zusehen zu müssen – gar wenn einem die Betroffenen besonders lieb sind. Aber Gott geht es mit uns genauso.

Noch schmerzhafter als der beschwerliche Weg durch die Schluchten der eigenen Unzulänglichkeit und über die Abgründe feindseligen Widerstandes sind die Erfahrung der höchstpersönlichen inneren Einsamkeit und Trockenheit aller eigenen Gefühle Gott gegenüber, die Dunkelheit der Seele und der Eindruck, von Gott verlassen und getrennt zu sein.

Die mystische Erfahrung durchläuft immer auch diese Dimension. Das kann eine kurze Phase sein, aber auch Jahre und Jahrzehnte dauern. Bei Theresia von Avila wird uns von solch profunder Traurigkeit und Einsamkeit bis in die letzten Tage ihres Lebens berichtet.

Schließlich erfahren die Betroffenen, dass selbst in dieser scheinbaren Abwesenheit Gott anwesend war – wo der Verstand ihn nicht mehr manifest machen kann, wo die Gefühle ihn nicht mehr erspüren können, da ist er immer noch gegenwärtig und kann in unserem tiefsten Inneren wahrgenommen werden. Dann ist jede Oberfläche durchbrochen und der innerste Kern erreicht. Dann ist Gott wirklich überall – und in allem zu finden.

Mühseligkeiten, die selbst die »große« heilige Theresia mit Gott hadern ließen, hat der heilige Johannes vom Kreuz erlitten. Sein Vater, Gonzalo de Yepes, stammte aus einer wohlhabenden Seidenhändlerfamilie und übte das Gewerbe auch selbst aus. Er verliebt sich in die arme Weberin Caterina Alvarez und heiratet sie gegen den Willen der reichen Verwandtschaft, die ihn darauf prompt enterbt. Er lernt das Gewerbe seiner Frau. In ärmlichsten Umständen werden drei Kinder geboren. Die Liebe ist groß, die Not drückend. Kurz nachdem Juan geboren wird, erkrankt der Vater und stirbt nach zwei Jahren. Die junge Witwe zieht mit drei Kindern bettelnd zu den reichen Verwandten, die ihr nicht helfen. Mühsam zieht die Familie von Stadt zu Stadt. Der mittlere Sohn stirbt an Erschöpfung. Der ältere lernt das Handwerk, Juan ist dafür nicht geeignet. Er kommt

Der heilige Johannes vom Kreuz: Dichter, Mystiker und Kirchenlehrer

in ein Waisenhaus und hilft bei der Pflege von Syphilitikern. Daneben kann er ein Studium beginnen.

Mit 21 Jahren tritt er in den Orden der Karmelitermönche ein. Er studiert in Salamanca sehr erfolgreich Philosophie und Theologie. Doch sehnt er sich mehr und mehr nach einem kontemplativen Leben und ist daran, nach seiner Priesterweihe in den strengen und von der Welt ganz abgeschlossenen Kartäuserorden einzutreten.

Da trifft er Theresia von Avila. Sie überzeugt ihn, an der Reform mitzuarbeiten, die damit auf den männlichen Zweig des Ordens ausgedehnt wird. Es entsteht eine innige und geistlich überaus fruchtbare Zusammenarbeit der beiden Heiligen. Als Juan de la Cruz gründet er ein erstes Kloster in äußerster Einfachheit und Armut.

Die Reform mobilisiert mächtige Gegner. Der Nuntius in Spanien, der Vertreter des Ordensgenerals und einige Ratgeber des Königs bekämpfen Johannes buchstäblich bis aufs Blut. Sie verleumden ihn und unterbinden den Kontakt zu Theresia. In einem elenden, fast lichtlosen Loch eines Klosters in Toledo wird er eingekerkert, bekommt fast nur Wasser und Brot, darf sich nicht waschen und wird wöchentlich gegeißelt, da er die Reform nur wolle, um kommandieren zu können und als Heiliger zu gelten. Die Kutte verfault ihm am Leib, die Läuse fressen ihn fast auf, und er liegt im Fieber. Mehr noch quälen ihn die falschen Nachrichten vom völligen Scheitern seiner Bemühungen und dem Auseinanderfallen des reformierten Ordensteiles.

Schließlich gelingt ihm die Flucht. Mit der Decke seilt er sich ab und lässt sich in den Fluss fallen. Er gleicht mehr einem Toten als einem Lebenden und ist kaum wieder zu erkennen. Er kann sich in befreundeten Klöstern verstecken. Und dann kommt es zur Wende.

Papst Gregor XIII. bestätigt den reformierten Teil des Ordens und konstituiert ihn als eigenständige Provinz. Johannes vom Kreuz leitet daraufhin eine Reihe von Klöstern. Er verfasst die umfangreichsten und systematischsten Werke der Mystik und wird ein angesehener geistlicher Ratgeber.

Gegen Ende seines Lebens formiert sich Feindschaft gegen ihn im von ihm reformierten Teil des Ordens. Man verleumdet ihn aufs schändlichste, einige wollen ihn sogar aus dem Orden ausschließen. Er leidet an einer schrecklichen Geschwulst am Bein und wird noch im Sterben von seinem Oberen und den Ärzten schlecht behandelt.

In der tiefsten irdischen und seelischen Dunkelheit des Kerkers von Toledo beginnt Johannes vom Kreuz, seinen »Geistlichen Gesang« zu schreiben – ein Werk packend intensiver Liebes-Mystik. Als er in Freiheit und angesehen lebt, schreibt er zwei Werke, die die mystische Nacht schildern: »Aufstieg zum Berge Karmel« und »Dunkle Nacht der Seele«. In den letzten schweren Jahren arbeitet er an der »Lebendigen Liebesflamme«, die wiederum die innigste Erfahrung der Verbundenheit mit Gott zum Thema hat – und abrupt abbricht, weil die Erfahrung tiefer reiche, als sich sagen oder fühlen ließe (»… deshalb höre ich hier auf.«).

Auf Drängen der Interessierten und unter dem Druck der Gegner verfasste Johannes vom Kreuz umfangreiche Kommentare zu seinen mystischen Schriften. Seine profunde philosophisch-theologische Bildung machte ihn so zum bedeutendsten Systematiker neuzeitlicher Mystik. Er beschreibt, wie die »Nacht der Sinne« und die »Nacht des Geistes« von allen hinderlichen Oberflächlichkeiten befreien – für eine immer tiefere Erfahrung Gottes und der Gemeinschaft mit ihm.

In seiner Kindheit hatte Juan in ärgster Armut die

große Liebe seiner Eltern erfahren, für die sein Vater Status und Wohlstand aufgegeben hatte. Eine solche Liebe war den Preis wert.

In den Nöten seines Ordenslebens, den Anfeindungen und Misshandlungen, den inneren Erschütterungen und Dunkelheiten hatte er die Liebe Gottes erfahren und durfte in ihre Tiefe eintauchen – »mehr als man sagen oder fühlen könnte«. Das war ihm alles wert.

Oberfläche um Oberfläche schält sich ab, um Kern und Wesen der Wirklichkeit zu offenbaren – jenseits von Verstand und Gefühl, in der Unmittelbarkeit der eigenen existenziellen Tiefe. Dieser Weg ist aber weder leibfeindliche Vergeistigung noch geistfremder Nihilismus. Er arbeitet nur den Grund heraus, auf dem alles steht und aus dem alles seine Qualität zieht – damit die gesamte Wirklichkeit erkannt und genossen werden kann.

Zu Beginn der 80er Jahre des vorigen Jahrhunderts habe ich in Ostberlin eine Frau kennen gelernt, die im Wechsel der Geschichte dieser Stadt einiges mitgemacht hat. Als sie ein kleines Mädchen war, starb ihr innig geliebter Vater plötzlich, während er Freunden stolz die Fotografie seiner Tochter zeigte. Der überaus liebevolle Stiefvater wurde von den Nazis ermordet, weil er in seiner Firma jüdische Zwangsarbeiter anständig behandelte (und koscheres Essen besorgte). Ihre Habe verlor sie im Bombenhagel. (Den Knall, den das Zerspringen des Rahmens ihres Klaviers verursachte, brachte sie nie mehr aus dem Ohr.) Nach dem Krieg bekam ihr Mann,

Federzeichnung des heiligen Johannes vom Kreuz (Original im Menschwerdungskloster zu Avila): einzigartig aufgrund der Perspektive.

der als Schauspieler schöne Erfolge gefeiert hatte, kein Engagement, weil er sich weigerte, seine Kirche zu verlassen. Binnen eines Jahres verlor sie ihren Mann und dessen besten Freund, die sie beide bis zum Tod pflegte. Sie litt an einer schweren Herzkrankheit und wusste, dass sie unter Erstickungsanfällen sterben würde.

Diese Frau war fröhlich und half, wo sie nur konnte. Menschen jeden Alters und jeden Standes fanden sich bei ihr ein – Gläubige und Suchende, Erfolgreiche und Bedrängte. Bei ihr gab's ein offenes Ohr, einfühlsamen

Trost, klugen Rat und manch schlauen Ausweg. Sogar Kandidaten der SED wandten sich an sie, weil sie den Parteieintritt vermeiden wollten – und sie fand eine Lösung. »Wenn ich nicht so viel mitgemacht hätte, könnte ich nicht so vielen helfen«, sagte sie mir. Gott habe ihr ihren Glauben bewahrt, und das habe sie aufrecht gehalten.

In unerschütterlichem Glauben hat eine große Heilige unserer Tage auf einfache, persönliche und unmittelbare Weise zahllosen Menschen geholfen: Mutter Teresa von Kalkutta. Gläubige und Ungläubige sind von ihr beeindruckt. Sie hat glaubwürdig für die Ärmsten der Armen gelebt – ihnen hat sie ihre ganze Liebe geschenkt. Sie hat einen blühenden Orden in verschiedenen Zweigen gegründet und viele für die Nachfolge Jesu begeistert.

Diese weltbewegende geistliche Frau hat an die vierzig Jahre ihres Lebens in beinahe ununterbrochener geistlicher Trockenheit, in der mystischen Nacht empfundener Gottesferne gelebt. Kein inneres Gefühl bestätigte ihr ihre Glaubenshaltung. Gott hatte ihr ihren Weg schon früher klar gewiesen – und sie hielt ohne weitere Bestätigung daran fest.

»Wenn ich eine Heilige würde«, soll sie einmal gesagt haben, »wäre ich eine Heilige der (inneren) Dunkelheit.«

Nach vielen Jahren fand sie Trost in der Erkenntnis, dass sie in ihrer inneren Leere und Einsamkeit dem gekreuzigten Christus nahe sein durfte. Ihm, der die Sünden – also die Gottesferne – der Menschen auf sich nahm und so Verlassenheit und absolute Einsamkeit erlebte. So war und ist sie nicht nur der äußeren, sondern auch der inneren Not vieler Menschen ganz nahe.

Sie glaubte daran, dass sie in den Armen Christus begegne – wie sie daran glaubte, ihm in der Eucharistie zu begegnen. Ist ein Glaube geringer, weil er nicht mit Gefühlen verbunden ist? Keineswegs.

Häufig klagen mir Menschen mittleren und fortgeschrittenen Alters, sie hätten ihren Glauben (weitgehend) verloren. Wenn ich dann frage, worin sich das denn äußere, bekomme ich regelmäßig zur Antwort: »Ich spüre nichts mehr von diesem Glauben. Früher waren so starke Gefühle damit verbunden.« Meist frage ich dann: »Sind Sie verheiratet?« Die Antwort ist sehr häufig ein stolzes Ja samt Anzahl der Jahre. Ich frage weiter: »Lieben Sie Ihre Frau/Ihren Mann immer noch?« Erfreulich oft höre ich darauf ein promptes und selbstverständliches: »Ja, natürlich!« Im Weiteren wird mir bestätigt, dass die Gefühle nicht mehr dieselben seien wie zu Beginn der Beziehung – aber meist wird die Liebe jetzt als größer eingeschätzt. Mitunter existiert eine tiefe Vertrautheit, obwohl die ursprünglichen Gefühle sich längst nicht mehr regen. Erfreulicherweise setzte noch keiner meiner Gesprächspartner Liebe mit Gefühlen gleich.

Und beim Glauben seien die Gefühle ein Echtheitsbeweis? Mitnichten! Kaum etwas lässt sich leichter hervorrufen als ein Gefühl. Psychologische Spielchen und chemische Mittelchen zu diesem Zweck boomen. Esoterische Techniken zielen darauf ab. Produkte und Politik werden damit verkauft. Wenn keine Substanz dahinter steckt, muss eben die Dosis des Oberflächenreizes erhöht werden – und das endet in Sucht und Abhängigkeit.

Gerade deshalb halte ich die innere Trockenheit Mutter Teresas für eine befreiende Botschaft. Ich habe erst bei den Recherchen für dieses Buch von dieser erschütternden Dimension im Leben Mutter Teresas erfahren. Aber schon in der kurzen Zeit seither konnte ich miterleben, wie diese Tatsache für eine ganze Reihe von Menschen Trost und Ermutigung bedeutete.

Niemand bezweifelt, dass das Leben Mutter Teresas geglückt und vollendet ist. Zumindest etwas von ihrer heiteren Hilfsbereitschaft und liebenswürdigen Konsequenz würde wohl jeder gerne besitzen. Das aber ist möglich bei innerer Leere und spürbar unerwiderten Gefühlen für Gott. Dann können auch wir den fixierten Blick von unserer Befindlichkeit lösen. Dann können auch wir unsere Nächsten und Gott anschauen, ohne ständig um Gefühle zu heischen.

Das Staunen und die befreiend blitzende Hoffnung auf den Mienen vieler Menschen in diesem Zusammenhang haben sich mir tief eingeprägt.

Überall auf Erden ist Leben zu finden: selbst in den heißesten und trockensten Wüsten, an den kältesten und dunkelsten Punkten der Arktis, in der dünnen Luft der höchsten Berge und im schwefelsauren Ambiente heißer Tiefseequellen. Man muss nur manchmal sein Modell verändern, um neue Lebensformen als solche zu erkennen. So ist auch die Gegenwart Gottes überall in unserer Wirklichkeit zu finden. Manchmal müssen dafür aber einengende Blickwinkel aufgebrochen werden.

Lebensbild 5

Kaiser Karl I. von Österreich
(1887–1922)

Erzherzog Karl Franz Joseph kommt am 17. August 1887 auf Schloss Persenbeug in Niederösterreich zur Welt. Erzherzog Otto und Erzherzogin Maria Josepha, Tochter des Königs von Sachsen, sind seine Eltern. Der Urgroßvater Karls ist Kaiser Franz I. von Österreich (als Franz II. der letzte Kaiser des Heiligen Römischen Reiches), der regierende Monarch, Kaiser Franz Joseph I., ist Karls Großonkel.

Als Erzherzog Karl Franz Joseph geboren wurde, war keineswegs abzusehen, dass er zum Nachfolger Kaiser Franz Josephs werden würde. Damals lebte noch der Sohn des Kaisers, Kronprinz Rudolf. Nach dessen Selbstmord (1889 in Mayerling) wurde Karls Onkel, Erzherzog Franz Ferdinand, Thronfolger. Als dieser 1900 wegen seiner unebenbürtigen Ehe einen Eid über den Nachfolgeverzicht für seine Kinder ablegen musste, gelangte Karls Vater an die zweite Stelle in der Thronfolge. Nach dessen Tod im Jahre 1906 rückte Karl an diese Stelle vor. Thronfolger Erzherzog Franz Ferdinand war bei bester Tatkraft und Gesundheit. Ob er sich im Falle einer Thronbesteigung an den ihm aufgezwungenen Renunziationseid gehalten hätte, bleibt bis heute Ge-

genstand von Spekulationen. Von ihm konsultierte Moraltheologen waren jedenfalls der Meinung, er sei in seiner Entscheidung frei.

Als Thronfolger Franz Ferdinand und seine Gemahlin, die Herzogin von Hohenberg, am 28. Juni 1914 in Sarajewo von serbischen Terroristen ermordet wurden, rückte Erzherzog Karl unerwartet rasch in die Position des Thronfolgers vor.

Die Ehe der Eltern Karls ist von Anfang an sehr problematisch. Erzherzog Otto ist ein charmanter und gutmütiger Mann mit künstlerischen Neigungen und einem exzessiven Lebenswandel, der ihn bereits mit 41 Jahren das Leben kostet. Erzherzogin Maria Josepha dagegen ist eine überaus fromme, etwas steife und betont zeremonielle Frau. Karl wächst in diesem Spannungsfeld auf. Erzherzog Otto soll einmal betrunken seinen Freunden zugerufen haben, er werde ihnen jetzt eine Nonne zeigen – und dann die Schlafzimmertür seiner Frau aufgerissen haben …

Karl liebt beide Eltern (die ihn wenigstens nicht gegeneinander ausspielen) und bemüht sich – wie sensible Kinder in solchen Situationen oft –, durch besondere Liebenswürdigkeit ausgleichend zu wirken. Womit er natürlich überfordert ist.

Die Eltern sorgen sich allerdings gemeinsam um eine gute, solid katholische Erziehung des jungen Erzherzogs. Mit sieben Jahren wird er der Obhut des Grafen Georg Wallis übergeben, der bis zur Großjährigerklärung 1907 sein Erzieher bleibt. Gemeinsam gelingt es den Eltern, eine beabsichtigte »Staatserziehung« für Karl zu verhindern, der der Kaiser schon zustimmen wollte. Sie hätte eine stark politisierende und glaubensschwache Tendenz mit sich gebracht.

So steht die Ausbildung Karls aber unter einem betont religiösen Aspekt. Prägenden Einfluss erwirkt dabei der Dominikaner P. Norbert Geggerle, der erste Religionslehrer Karls. Betont werden starkes Verantwortungs- und Pflichtbewusstsein sowie Frömmigkeit, Friedensliebe und Versöhnungsbereitschaft. Der Charakter und die familiäre Situation des jungen Erzherzogs Karl Franz Joseph lassen ihn in dieser Hinsicht geradezu übereifrig werden.

Bezeugt sind Episoden, in denen der kleine Karl seine Hemden an arme Kinder verschenken lässt oder als Gärtner arbeiten will, damit er »den Armen mit selbstverdientem Geld helfen« könne. Viele empfindsame Kinder, deren Augen auf die Realität gerichtet werden, reagieren in ähnlicher Weise (das ist einer der Gründe dafür, weshalb Gott uns einlädt, wie die Kinder zu werden).

In der Erziehungstradition des Hauses Österreich spielt die Verehrung der Eucharistie eine bestimmende Rolle. Leitbild ist dabei die Geschichte des Grafen Rudolf, der als erster Habsburger an die Spitze des Heiligen Römischen Reiches gerufen wurde. Als er einem Priester beim Versehgang begegnet, sitzt er nicht nur ab und kniet vor dem mitgetragenen Allerheiligsten nieder, sondern leiht dem Geistlichen sein Pferd und nimmt es nicht zurück, weil er nicht auf einem Pferd in den Kampf reiten könne, auf dem der Fürst des Friedens geritten sei.

Eine besondere Verehrung pflegt Karl zeit seines Lebens für das Herz Jesu – Ausdruck der göttlichen Liebe und menschlichen Hingabe Gottes für uns. Gottes Mitleben mit uns, sein Mitfühlen, seine Opferbereitschaft und sein Versöhnungswille sind in Jesu Herzen Symbol und Ansporn.

Karl wird teils von Privatlehrern, teils in öffentlichen Schulen erzogen. Großer Wert wird auf die Landes- und Fremdsprachen (Deutsch, Ungarisch, Tschechisch, Englisch, Französisch) gelegt. Für die naturwissenschaftlichen Fächer besucht er das Schottengymnasium in Wien, wo ihm die Mitschüler den Spitznamen »Erzkarl« geben. Die Matura darf er nicht ablegen, da der Kaiser diese Art von »Wettbewerb« für die Mitglieder seines Hauses nicht wünschte.

Es folgt eine universitäre Ausbildung, die sich vornehmlich in Privatvorträgen renommierter Professoren aus den Bereichen Jurisprudenz, Geschichte und Ökonomie abspielt. Das geschieht parallel zu seiner Offizierslaufbahn.

Der Übergang zur Selbstständigkeit bedeutet für Karl keine leichte Phase. Er erwähnt später, dass die plötzliche Entfernung aller Menschen, die Halt und Stütze seien, das Verlassen der Familie, die eigene Apanage und das eigene Haus sich meist ungünstig auswirken. Dieser plötzliche Umschwung habe auch ihn in Gefahr gebracht. Karl schlägt damals über die Stränge (»gute Freunde« helfen dabei ja gerne ...) – was das brave Kind vorher nicht getan hat und der pflichtbesessene Erwachsene nachher nie mehr tat. Die schmerzliche Erfahrung eigenen moralischen Versagens macht ihn noch sensibler, diskreter und zugleich konsequenter.

Auf der dynastischen Ebene gerät Erzherzog Karl in das immer geladenere Spannungsfeld zwischen dem ungeduldig dynamischen Thronfolger Franz Ferdinand (der vom Tod seines Vaters bis zur Großjährigkeit auch sein Vormund ist) und dem schmerzlich erfahrenen, bewahrenden Kaiser Franz Joseph. In dieser Spannung zeigt sich Karl beiden Polen gegenüber loyal, verständnisvoll und liebenswürdig.

Am 21. Oktober 1911 heiratet Karl in Schwarzau (Niederösterreich) Prinzessin Zita von Bourbon, die Tochter des letzten regierenden Herzogs von Parma. Es ist eine Liebesheirat – was im Hause Österreich nicht sehr häufig glückte. (Bei der Hochzeit entstehen übrigens die wenigen Bilder, auf denen man Kaiser Franz Joseph gelöst und lachend sieht.)

»Jetzt müssen wir uns gegenseitig in den Himmel helfen«, sagt Karl seiner Braut.

Die letzten Worte, die Karl unmittelbar vor seinem Tod an Zita richtet, lauten: »Ich liebe Dich unendlich.«

Im November 1912 wird Otto, der erste Sohn dieser glücklichen Ehe, geboren, sieben weitere Kinder folgen.

Mit der Ermordung Franz Ferdinands am 28. Juni 1914 wird Karl mit einem Schlage selbst zum Thronfol-

Das junge Ehepaar Karl und Zita beim Spaziergang (kurz vor Ausbruch des Ersten Weltkrieges)

ger. In die Entscheidungen über die Kriegserklärung wird er dennoch in keiner Weise eingebunden. Die militärische Kriegspartei unter General Conrad von Hötzendorf – eine der unheilvollsten Gestalten in Österreichs Geschichte – veranlasste den Kaiser zur Kriegserklärung. Die entsprechenden deutschen Kräfte taten das Ihre, um daraus jenen Weltenbrand zu entfachten, von dem sie (ihrem sozialdarwinistischen Weltbild entsprechend) meinten, er würde sie als stärkere Nation über alle anderen triumphieren lassen.

(Die Steigerung dieser Idee führte im nationalsozialistischen Größen- und Rassenwahn zu den unvergleichlichen Verbrechen des Zweiten Weltkrieges.)

Im Krieg wird der Thronfolger zunächst an der Front eingesetzt. Als einziger der führenden Verantwortlichen auf allen Seiten macht er diese Erfahrung und lernt die Gräuel dieses Völkermordens aus nächster Nähe kennen. Er übernimmt auch strategische Verantwortung und ist nicht unwesentlich an militärischen Erfolgen Österreichs beteiligt.

Zur besonderen Tragik jedes Krieges gehört es, dass im Verlauf jede Seite unausweichlich schwere Schuld auf sich lädt. Zu den besonderen Grausamkeiten des Ersten Weltkrieges zählte der Gaskrieg, der erstmals konsequent geführt wurde und zahllose Opfer forderte. Nach den ersten deutschen Erfahrungen verbot Kaiser Franz Joseph den Einsatz von Kampfgas. Als man ihm einen italienischen Einsatz von Reizgas als schweren Kampfgasangriff präsentierte, gestattete er in der 5. Isonzoschlacht den Einsatz von Kampfgas (was wohl als Völkerrechtsbruch gewertet werden muss).

Der Thronfolger hat in seinem südöstlichen Kampfbereich die Verwendung von Kampfgas ausdrücklich verboten und verhindert. Bei der verzweifelten 12. Isonzoschlacht verhindert er jedoch einen solchen Einsatz nicht mehr. Obwohl ihm keinerlei aktives Betreiben dieser Aktion anzurechnen ist, trägt er aus seiner obersten Führungsposition letztlich die moralische Verantwortung. (Völkerrechtlich könnte man sich allerdings da-

rauf berufen, dass zu dieser Zeit Kampfgas bereits auf allen Seiten eingesetzt wurde.)

Ab 1915 wird Karl in Wien von Kaiser Franz Joseph in die Amtsgeschäfte eingeführt.

Am 21. November 1916 stirbt Kaiser Franz Joseph, der in seinen letzten Wochen die Aussichtslosigkeit des Krieges selbst sieht – der Thronfolger hatte ihm seine eigenen drastischen Erlebnisse nahe bringen können – und die Absicht äußert, dem grausamen Geschehen ein Ende zu setzen.

Bei seiner Thronbesteigung erlässt Kaiser Karl ein Manifest, dessen wichtigster Satz lautet: »Ich will alles tun, um die Schrecknisse und Opfer des Krieges in ehester Frist zu bannen und die schwer vermissten Segnungen des Friedens meinen Völkern zurückzugewinnen.«

Der Kaiser bemüht sich von Anfang an um eine Beendigung des Krieges und um eine Umgestaltung der Monarchie nach föderalen und demokratischeren Maßstäben. Eine ungeheure geschichtliche Tragik umgibt diese vielfältigen und verästelten Bemühungen Karls (die hier nicht im Einzelnen dargestellt werden können). Insgesamt kann gesagt werden, dass von vielen Seiten versucht wurde, Modelle gegenseitigen Gebietsabtausches für einen gesichtswahrenden Ausgleich zu finden. In der Affäre der so genannten »Sixtusbriefe« (in denen Kaiser Karl durch seinen Schwager Prinz Sixtus von Bourbon-Parma solche Überlegungen an Frankreich und England übermittelte) war der Deutsche Kaiser persönlich informiert. In wechselseitiger *deutsch-französischer Provokation wurde dann allerdings jenes Vertrauen verletzt, das für Friedensverhandlungen unerlässlich ist.*

Wiederum ist Karl in einem Dilemma: zwischen dem notwendigen Frieden und den Bündnispflichten, zwischen egoistischen Machtinteressen im Inneren wie im Äußeren und Visionen einer europäischen Zukunft der Versöhnung, zwischen einer zynischen militärischen Kriegspartei und zögerlichen pazifistischen Kräften, die er in die Regierung einbinden will. Der Kaiser versucht, niemandem Unrecht zu tun, glaubt an die Hilfe Gottes (der aber Herzen nur dann bewegen kann, wenn sie dazu bereit sind).

Die Friedensbemühungen Papst Benedikts XV. werden nur von Kaiser Karl aufgegriffen und vorangetrieben. Es gelingt Kaiser Karl beinahe, den deutschen Kronprinzen für seine Ideen zu gewinnen. Aber der eigentliche deutsche Machthaber, Feldmarschall Ludendorff, droht mehrfach mit der Besetzung Österreichs. Karls eigener Minister des Äußeren und des kaiserlichen Hauses (!) hintergeht ihn, erpresst ihn und wagt sich bis zu Putschgedanken vor. Die Friedensversuche scheitern letztlich an der militärischen Wahnidee eines »Siegfriedens« (dieser Irrsinn wird selbst nach der Niederlage nicht aufgegeben und führt direkt in die radikale Vernichtung des Zweiten Weltkrieges hinein).

Historiker sind jedenfalls der Meinung, die Bemühungen Kaiser Karls um den Frieden seien die substanziellsten der gesamten Kriegszeit gewesen. Bis zum

Oktober 1918 sind die Friedensbemühungen Karls gar nicht so aussichtslos, wie sie vom Ergebnis her erscheinen mögen. Weitblickende auf allen Seiten erhofften von einer stabilen Donaumonarchie ein Bollwerk gegen das revolutionäre Russland und das imperialistische Deutschland. Aber die friedensbereiten Kräfte in Deutschland wurden ausgeschaltet, die Pazifisten in Österreich zauderten, politische Verantwortung zu übernehmen. Die österreichischen Armeen standen weitgehend unter deutschem Kommando, bei einem Separatfrieden drohte die deutsche Besetzung Österreichs. Die Kriegspartei geht gegen Kaiser Karl persönlich vor.

Eine haltlose Schmutzkampagne wird gegen den Kaiser inszeniert. Man beschuldigt ihn, ein Trinker und Schürzenjäger zu sein. Nichts daran ist wahr. (Im Seligsprechungsverfahren konnten sämtliche Anschuldigungen einzeln widerlegt werden.)

Im Inneren wurde erstmals ein Sozialministerium gebildet, und es gelangen einige sozialpolitisch wegweisende Regelungen.

Aber es ist alles zu wenig. Am Ende ruft der Kaiser zur Bildung von Nationalräten auf – die sich dann alle von ihm lossagen, jedoch einen friedlichen Übergang in die neuen Staaten ermöglichen.

Der politisch »unverdächtige« französische Schriftsteller Anatol France schrieb 1918: »Unter den Staatsmännern unserer Zeit hat sich ein einziger ehrlicher, kluger und gerechter Mann gefunden, Kaiser Karl von Österreich. Unsere Demokratien haben weder Herz noch Ver-

stand für die armen, blutenden Völker. Ja, ein Herrscher wie dieser hätte auch uns verstanden.«

Der wirtschaftlich-militärische Zusammenbruch führte zum Zerfall der Monarchie. In Österreich wird die Republik ausgerufen. Karl verzichtet auf seinen Anteil an den Regierungsgeschäften, dankt aber nicht ab, da er die Aufgabe, die er als ihm von Gott übertragen versteht, nicht einfach ablegen kann. (Für dieses Pflicht- und Sendungsbewusstsein gibt Karl sein Leben – fürstlich abgefunden wäre er nicht im 35. Lebensjahr einer Lungenentzündung erlegen.)

Er wird mit seiner Familie ins Exil verbannt und lebt zunächst in der Schweiz. Zweimal unternimmt er von dort den Versuch, die Macht in Ungarn zu übernehmen – das weiterhin Monarchie ist und ihn als König nicht abgesetzt hat. Der französische Ministerpräsident Briand ermutigt ihn (aus Sorge um die Stabilität Europas) dazu. Was für Karl aber noch wichtiger ist: Papst Benedikt XV. schickt wiederholt persönliche Abgesandte zu Karl und fordert ihn auf, seine Aufgabe in Ungarn zu übernehmen. Der Papst fürchtet zu Recht einen kommunistischen Umsturz, der alle Länder Ostmitteleuropas von der Kirche trennen würde. Der Heilige Vater umgeht bei diesen Bemühungen seinen eigenen Kardinalsstaatssekretär Gasparri, der der Entente nahe steht. (Jüngere Funde in den vatikanischen Archiven dokumentieren das im Detail.)

Den ersten Restaurationsversuch unternimmt Karl praktisch ohne militärische Bedeckung. Den zweiten bricht er ab, als es zu Auseinandersetzungen kommt – einen Bürgerkrieg zu führen ist er nicht bereit.

Der Kaiser wird nach Madeira verbannt. Dort lebt er – aller materiellen Mittel beraubt – mit seiner Familie in immer drückenderer Not. Alle Angebote, gegen eine fürstliche Apanage auf den Thron zu verzichten, lehnt er ab. Das Ansinnen einzelner Familienmitglieder, er möge abdanken, um das Vermögen des Hauses Österreich zu retten, weist er zurück. Die wiederholten Vorschläge verschiedener Persönlichkeiten, die sich als Vertreter mächtiger Gruppierungen deklarieren, ihm an die Macht zu verhelfen, wenn er Konzessionen mache, die er jedoch mit seinem Gewissen nicht vereinbaren

Das Kaiserpaar Karl und Zita kniet bei einer Feldmesse in Ungarn während des zweiten Restaurationsversuches neben den Zuggeleisen.

kann, ignoriert er. Er kann seine Aufgabe nicht verkaufen!

Kaiser Karl versuchte (ganz in der Tradition der vornehmsten und frömmsten Mitglieder seines Hauses) ein persönlich bescheidenes, ja asketisches Leben zu führen. So wurde ihm z.B. stets eigens ein besonders saurer Wein kredenzt, und er führte ein Pulver mit sich, das Bier immer wieder neu aufschäumen ließ, damit ihm nicht nachgeschenkt wurde. In Kriegszeiten hielten er und seine Familie sich streng an die allgemeinen Rationen. Im engsten Lebensbereich bemühte er sich strikt, keine zusätzlichen Kosten zu verursachen.

Seine Bescheidenheit, Freundlichkeit und Versöhnungsbereitschaft wurden ihm vor allem von den Zynikern der Macht, denen zufolge Anständigkeit keine politische Kategorie ist, als Schwäche und Dummheit angekreidet. Der Angriff richtet sich gegen die Torheit des Christen, der sich nach den Geboten Gottes und dem Beispiel Christi zu verhalten versucht und auf Gott vertraut.

Karl bemühte sich, ganz aus dem Gebet zu leben. Er betete gern und viel. Er bat Gott vor jeder seiner Arbeiten, auch diese als Gebet anzunehmen. Dieses bewusste Dasein vor Gott, die Ausrichtung des ganzen Lebens auf ihn, gibt dem Leben Kaiser Karls die entscheidende Prägung. Die möglichst tägliche Mitfeier der Eucharistie und die heilige Kommunion bezeichnet er selber als die entscheidende Kraftquelle in seinem Leben. Bei der

Messe war er oft so versunken, dass ihm nicht einmal bewusst wurde, wenn man ihn anstieß.

In der ersten Exilzeit erlebte er allerdings zur äußeren Notlage auch noch eine starke innere Einsamkeit und Trockenheit. Der Kaiserin klagte er, er könne sich geistlich kaum konzentrieren (obwohl sonst gerade die Konzentrationsfähigkeit eines seiner besonderen Talente war) und schaffe es nur mit strengster Disziplin, seine Gebete zu verrichten.

Auf Madeira muss die Familie aus finanzieller Not in die nebelfeuchte Region des Monte übersiedeln. Der Kaiser erkrankt an Lungenentzündung. Die Kaiserin ist mit dem achten Kind schwanger. Karl trägt seine qualvolle Krankheit und die schmerzhaften Behandlungen voll Gottvertrauen. Die letzten Tage sind ein einziges Gebet. Der Kaiser legt seine Aufgabe in die Hand Gottes zurück. Vor dem Allerheiligsten in seinem Zimmer betet er für seine Kinder: »Lieber Heiland, schütze unsere lieben Kinderl: Otto, Mädi, Robert, Felix, Carl Ludwig, Rudolf, Lotti und das ganz, ganz Kleine.«

Mit den Worten »Jesus, Jesus!« stirbt Kaiser Karl I. von Österreich am 1. April 1922.

Von Anfang an war Karl in Situationen des Unfriedens hineingestellt, die er nicht herbeigeführt hatte, und bemühte sich um Frieden – als Kaiser war er damit wohl ähnlich überfordert wie als Kind. Hätte irgendein Mensch diese Probleme lösen können? Das wird sich ebenso wenig beantworten lassen wie die

Frage, wie viel Schlimmeres der Kaiser vielleicht verhindert hat.

Ob ein Leben vor Gott – und damit auch vor dem definitiven Ausgang der Geschichte – glückt, hängt nicht vom unmittelbaren irdischen Erfolg ab. (Sonst könnte Christus nicht Vorbild sein.) Wer auch immer – unter welch widrigen Umständen und eigenen Begrenztheiten auch immer – dem Willen Gottes zu entsprechen versucht, dessen Leben wird heilig und hilfreich. Noch am Todestag sagt Kaiser Karl: »Mein ganzes Bestreben ist immer, in allen Dingen den Willen Gottes möglichst klar zu erkennen und ihn zu befolgen.« Das Beispiel Kaiser Karls beweist, dass man selbst im Bereich des Politischen – in dem sich wohl niemand von Schuld und Verfangenheit völlig frei zu halten vermag – ein heiligmäßiges Leben führen kann.

Ein Gefühl der Resignation droht sich angesichts des Unfriedens und der zynischen Gewaltanwendung in unserer Welt auszubreiten. Hat es einen Sinn, dagegen anzukämpfen? Siegen nicht doch die Gewalttäter, wie schon der Psalmist klagt? Das Leben Kaiser Karls ist ein ermutigendes Beispiel im Glauben. Seine Seligsprechung will allen Mut machen, die sich durch ihre Aufgaben überfordert fühlen – und sie lädt ein, die eigenen (auch noch so begrenzten) Möglichkeiten für den Frieden zu nutzen. Kaiser Karl könnte Patron der idealistischen, oft verlachten Kämpfer für den Frieden sein – und der aller Überforderten. Die Torheit Gottes ist weiser als die Weisheit der Welt. Das Vertrauen darauf hilft zu leben.

Als Erzherzog Karl ein kleines Kind war und fern jeder künftigen Herrscherwürde schien, sagte eine Klosterfrau in Ödenburg voraus, er werde eine schwere Bürde zu tragen haben und ein besonderes Ziel für die Angriffe des Bösen sein. Sie regte an, ihn in Gebete »einzuhüllen«. So entstand bereits 1895 unter der Leitung von P. Geggerle O.P. die Gebetsliga – zunächst ein kleiner Kreis, der für den Erzherzog und dann für den Kaiser betete. Das Gebet der Liga endete nicht mit dem Tod Karls. Bis zum heutigen Tag beten täglich viele Tausende in der »Kaiser-Karl-Gebetsliga für den Frieden der Welt«.

In den furchtbarsten Tagen des Zweiten Weltkrieges schrieb Reinhold Schneider: »Allein den Betern kann es noch gelingen …«

Lebensbild 6

Ladislaus Batthyány-Strattmann

(1870–1931)

László Batthyány wird als sechstes von zehn Kindern einer alten ungarischen Adelsfamilie am 20. Oktober 1870 in Dunakiliti in Ungarn geboren. Da der Wohnsitz immer wieder vom Hochwasser der Donau bedroht war, übersiedelt die Familie nach Kittsee im heutigen Österreich, als László sechs Jahre alt ist.

Die Familie ist sehr vermögend, aber Ladislaus leidet stark darunter, dass sein Vater sich von der Mutter trennt und eine andere Frau heiratet. Lászlós sehr verehrte Mutter stirbt 1888 im Alter von 39 Jahren. Er soll schon damals gesagt haben: »Ich werde Arzt und werde die armen Kranken umsonst heilen.«

Ab dem zehnten Lebensjahr besucht Ladislaus das Jesuiten-Kolleg Kalksburg in Wien. Er erweist sich dort nicht als besonders angepasster Schüler. Er gründet einen eigenen Club für Späße – die keineswegs bei allen gut ankommen …

Ist es wegen seiner Aufmüpfigkeit oder weil der Vater eine ungarische Ausbildung wünscht? Jedenfalls wechselt László die Schule und geht ans Gymnasium in Kalocsa. Dort hält es ihn nicht lange. Er treibt weiter Späße und Unfug. So gießt er Tinte ins Weihwasser. Als er dann noch einen Lehrer als »Saupreuß« tituliert, muss er die Schule verlassen. Am Gymnasium in Uschgorod erlangt er schließlich unter Mühen die Matura.

Zehn Jahre lang studiert Ladislaus Batthyány in Wien. Zumindest die erste Hälfte dieser Zeit ist nicht gerade von Entschiedenheit und Ernsthaftigkeit geprägt. Der junge Graf sucht und spielt herum. Auf Anraten und Wunsch des Vaters probiert er ein Studium an der Hochschule für Bodenkultur, soll er doch einmal ein tüchtiger Verwalter der Familiengüter sein. Er widmet sich aber auch der Literatur und Musik, studiert Philosophie. Ein besonderes Interesse gilt den Naturwissenschaften. So probiert er auch Physik und Chemie, die er selbst als »Steckenpferd« bezeichnet. Er studiert auch Astronomie, arbeitet an der Sternwarte und baut sogar eine eigene. Astronomische Beobachtungen werden später zum Zeitvertreib in seiner Familie zählen.

Aus einer Beziehung in dieser lustigen Studentenzeit stammt eine uneheliche Tochter. Er hat sie nie verleugnet und stets großzügig für sie gesorgt.

Sein spielerisches Interesse führt ihn auch zur Medizin. Zunächst denkt er noch gar nicht daran, dieses Fach zu studieren. Der Professor, mit dem er sich regelmäßig über medizinische Themen bespricht, rät ihm zum Medizinstudium, hilft ihm bei der Inskription und erreicht, dass Ladislaus zwei Semester Philosophie für sein Medizinstudium angerechnet werden. 1896 beginnt er damit.

Später dankt er »dem lb. Gott ..., dass er mich den ärztlichen Beruf wählen ließ und mit ungemein viel Liebe mich lenkte und leitete, bis ich mein Diplom und dann mein Spital hatte«.

Der Tod seines Vaters im Jahre 1897 trifft Ladislaus Batthyány sehr und gibt ihm viel zu denken. Eine neue Dimension der Verantwortlichkeit tritt in sein Leben.

Am 10. November 1898 heiratet Ladislaus Batthyány Maria Theresia Coreth aus einer alten Tiroler Familie. Sie ist eine entschiedene und tiefgläubige Frau. Damit ist die maßgebliche Lebenswende besiegelt. (Bei heilig-

Ladislaus und Maria Theresia Batthyány in Mariazell 1913

mäßigen Ehemännern kommt meist ein Gutteil des Verdienstes daran ihrer Frau zu …)

Im Juni 1900 wird Ladislaus Batthyány zum Doktor der gesamten Heilkunde promoviert. Einen Monat später kommt sein erster Sohn zur Welt. In rascher Abfolge gebiert Maria Theresia ihrem Mann dreizehn Kinder, von denen eines bei der Geburt und eines im Kindesalter stirbt.

Nach einem Chirurgiepraktikum in Wien baut Ladislaus Batthyány 1902 auf seinem Gut in Kittsee ein modernes Krankenhaus mit 25 Betten. Bald ist der Betrieb dort so rege und der Einsatz Batthyánys so engagiert, dass er sich gesundheitlich überfordert. Er ist mit Leidenschaft Arzt und verwirklicht seinen Kindheitswunsch: Er wird zum Arzt der Armen. Er weist niemanden ab. Er verlangt kein Honorar. Er zahlt bedürftigen Patienten die Medikamente und die Anreise. Wenn er jemandem für eine Behandlung unvermeidliche Schmerzen zufügen muss, zahlt er ihm sogar Schmerzensgeld. Schon bald gibt er zwei Drittel seiner Familieneinkünfte für den Erhalt des Spitals und die Unterstützung der Bedürftigen aus.

Intensive Liebe und lebendiger Glaube bewegen ihn zu einem solchen Handeln und Verhalten. »Ich liebe meinen Beruf. Der Kranke lehrt mich, Gott immer mehr zu lieben, und ich liebe Gott in den Kranken, der Kranke hilft mir mehr als ich ihm! Der Kranke macht mich durch Gottes Güte zu einem Simon von Cyrene, indem ich helfe, das Kreuz Christi zu tragen, das Kreuz des Nächsten durch Nächstenliebe«, schreibt er in sein Tagebuch. »Wie oft sagten mir meine Kranken, der liebe Gott vergelte es! Auf Erden und im Himmel! Und die vielen Segenssprüche wurden und werden von Gott eingelöst.«

Ladislaus Batthyány feiert täglich die heilige Messe mit und ministriert meist dabei. Bei aller Arbeit findet er täglich Zeit zum gemeinschaftlichen und persönlichen Gebet. Seine Arbeit tut er in einer Haltung des Gebets – im Bewusstsein, dass Gott liebevoll auf ihn schaut. Er betet denn auch vor jeder Behandlung und Operation – meist zusammen mit dem Patienten. Er sieht sich nur als ein Werkzeug Gottes – was es erforderlich macht, besonders aufmerksam auf Gott hinzuhören und hinzuspüren. Seiner Schwägerin schreibt er von der Gefahr des Stolzes über eine gelungene Behandlung. Da sei es gut, wie der Komponist Joseph Haydn nach einer umjubelten Sinfonie festzustellen: »Nicht mir, sondern Gott gebührt die Ehre.« »Übrigens, ein kleiner Blick auf unsere Kenntnisse zeigt uns deutlich, dass wir nur an der Oberfläche herumtappen, ohne was immer gründlich zu verstehen«, so Batthyány.

Seine Frau unterstützt ihn und assistiert ihm bei seiner Arbeit. Er spezialisiert sich auf Augenheilkunde und Augenchirurgie – und wird eine anerkannte Kapazität in diesem Fach. Später wird man ihm sogar eine Lehrkanzel an der medizinischen Fakultät in Budapest anbieten. Er wird Mitglied der Akademie der Wissenschaften und verkehrt mit den internationalen Spit-

»Fühlendes Herz – helfende Hand«: Ladislaus Batthyány-Strattmann

zenleuten seines Fachbereichs. Für die Bedürftigen wirkt er aber weiterhin als Allgemeinmediziner.

Während des Ersten Weltkrieges baut er sein Spital auf eine Kapazität von 120 Betten aus. »Ja, das waren schöne Zeiten, als ich als Kreisarzt die Ortschaften Pama, Edelsthal, Kittsee hatte und noch mein Spital mit schweren chirurgischen Operationen, eigentlich ganz allein!«, vertraut er später seinem Tagebuch an. »Damals waren in der Früh 1–2 große Operationen, dann begann erst die Ambulanz, bis 80 Kranke, viele ambulante Operationen, dann alle Kriegsverletzten verbinden. Todmüde kam ich zum Essen, und am Nachmittag kamen die Fahrten zu den Kranken nach den

Ortschaften Edelsthal – ganze Epidemien von Dyphteritis, Impfung der Schulkinder, Spanische Krankheitsepidemie in Pama. Und die Nacht war auch nie sicher; einmal um 1 Uhr nachts schwere Bauchoperation, Darmblutung!«

Begeistert von der Erinnerung beschreibt er seinen Traum: »Mein Ideal wäre es, einige hundert Betten zu haben in meinem Lieblingsfach Chirurgie und Augen und auch Interne! Wie könnte ich da Sorgen, Schmerzen lindern, helfen! Und Leute – gut auf den Tod vorbereitet – wenn Gott es schon will, für die Ewigkeit stärken.«

1915 stirbt Onkel Ödön Batthyány-Strattmann. Von ihm erbt Ladislaus mit dem Vermögen und Schloss Körmend auch den Titel Fürst und den Namen Strattmann. 1920 übersiedelt die Familie nach Schloss Körmend. Dort richtet Fürst Batthyány in einem Flügel des Schlosses eine Klinik ein.

Trotz des beträchtlichen Vermögens lebt die Familie recht bescheiden. Aber es mangelt nicht an Lebenslust. Man versteht Feste zu feiern. Zu den Namenstagen wird Zigeunermusik gespielt und Csárdás getanzt. Der Fürst spielt gern und gut Klavier. Es macht ihm Freude, Jung und Alt mit seinen Zauberkunststücken zu unterhalten. Er versteht sich auch auf Patisserie und stellt gerne selber Zuckerl und Bonbons her.

Die Technik begeistert ihn. Er bastelt gern, liebt es, Uhren und Autos zu reparieren und Fotos zu entwickeln. Allerdings sinnt er auch über die furchtbaren Dimen-

sionen der Technik nach, die der Weltkrieg erstmals drastisch sichtbar gemacht hat. Kein Verständnis hat er dafür, Geld für Waffen und Kriege auszugeben. Man könnte mit dem Geld den Hunger besiegen, meint er.

Die politische Entwicklung macht ihm große Sorgen. Er ahnt furchtbare Zerstörungen und den Niedergang Europas. Die tiefste Ursache dafür ortet er in einer Gottferne. »In Europa brodelt es überall – Frankensturz in Frankreich, Verschwörung in Spanien, Ministerkrise in Böhmen, Schlägerei im Parlament von Österreich etc. etc. Wohin soll dies alles führen? Alles will wie in Russland ohne Gott sein! Doch Du, armer Mensch, schaffst ja ohne ihn eine Hölle auf Erden, und wer darinnen leben muss, bist dann doch Du – Mensch!« Und: »Die Folge wird sein: Kampf, Hass, Ungerechtigkeit, Unsicherheit, Elend – namenloses Elend überall, denn überall fehlt das Kennzeichen der Gottverehrer, die Liebe! Und eine Welt ohne Liebe ist eine Hölle, also Hölle auf Erden! Das bedeutet den Niedergang Europas!«

Ladislaus Batthyány-Strattmann tut, was in seiner Macht steht – für die Gesundheit seiner Patienten und für ihr Seelenheil. Wer sein Spital verlässt, erhält eine von ihm verfasste Broschüre mit dem Titel »Öffne die Augen und sieh!«, die auf einem persönlichen Glaubensweg helfen soll. Mit dem Beispiel und einer klaren Haltung versucht der Fürst zu überzeugen, jeden Druck und jede Aufdringlichkeit vermeidet er.

Im Alter von sechzig Jahren wird bei ihm Blasenkrebs diagnostiziert. Er bemüht sich, die überaus schmerz-

hafte Erkrankung in Haltung, Würde und Gottvertrauen zu tragen. »Ich weiß nicht, wie lange mich der gute Gott leiden lässt. Er gab mir im Leben so viel Freude, dass ich jetzt auch die schweren Zeiten dankbar annehmen muss.« Das klingt danach, dass es auch für László Batthyány nicht gerade einfach war, sich selbst in diesem Sinn zu überzeugen. Er hat sich konsequent darum bemüht – und hat sich von Gott überzeugen lassen. Noch am Tag vor seinem Tod wollte er »in die Welt hinausschreien, wie gut der liebe Gott ist«.

Nach vierzehn Monaten schmerzhaftesten Leidens stirbt Ladislaus Batthyány-Strattmann am 22. Jänner 1931 in Wien.

Er hatte lange gebraucht, um zu sich selbst und seinem Ziel im Leben zu finden. Er hat sein Vermögen nicht verkauft und es den Armen geschenkt. Aus seinem Leben sind weder mystische Entrückungen noch Wunderheilungen bekannt.

Aber er hat sich konsequent und mit Leidenschaft eingesetzt, als er sich seiner Aufgabe bewusst wurde. Er verfügte über beachtliche Talente und ein beträchtliches Vermögen. Das alles hat er klug verwaltet und in den Dienst der Menschen gestellt.

Und das soll schon heilig sein? Ja, denn es geschah im Blick und Vertrauen auf Gott. In Treue und Liebe – wie sein Wahlspruch lautete.

Kapitel V

Gott lacht doch

»Du Mama«, fragt die kleine Anna, »hat der liebe Gott alle Menschen gemacht?« »Ja, freilich«, antwortet ihre Mutter. »Auch den Onkel Otto?« (Onkel Otto ist rund und kahl und sehr gemütlich – ein lustiger Onkel, mit dem Anna viel kichert.) »Ja, natürlich auch den Onkel Otto.« »Da muss er aber gelacht haben.«

Was für Anna in ihren schöpfungstheologischen Überlegungen ganz selbstverständlich erscheint, hat die Theologen zu manchen Zeiten intensiv beschäftigt. Im Mittelalter gab es heftige Auseinandersetzungen darüber, ob Jesus je gelacht hat. (Seit Umberto Ecos Roman »Im Namen der Rose« ist das ja allgemein bekannt.) An keiner Stelle der Heiligen Schrift ist ausdrücklich überliefert, dass Jesus gelacht hätte. Hingegen wird berichtet, dass er weinte – z. B. über Jerusalem, dessen Zerstörung er vorhergesehen hat.

Aber es gibt so manche Situation im Leben Jesu, bei der ich ihn mir gar nicht anders als lächelnd bis lachend vorstellen kann. Das beginnt schon beim Baby Jesus. Welches kleine Kind lächelt nicht bereits nach wenigen Wochen seine Mutter und seine Umgebung an, gluckst und prustet und lacht schließlich laut aus Lust und Vergnügen. Wenn wir glauben, dass Gott in Jesus wirklich, wahrhaftig und vollständig Mensch geworden ist – und diese Glaubenswahrheit zählt zu den fundamentalen Grundlagen des Christentums –, dann können wir ihn uns gar nicht anders denken als ein solches, im Wohlbefinden höchst vergnügtes Kind.

Wenn später dann die Schriftgelehrten und Pharisäer versuchen, Jesus mit raffinierten theologischen und politischen Fragen in die Enge zu treiben, nimmt er ihnen mit sehr einfachen und zugleich den Punkt treffenden Antworten den Wind aus den (vor Selbstgefälligkeit geblähten) Segeln. Da haben dann gewiss nicht nur die Zuhörer erleichtert gelacht. Ich bin mir sicher, dass Jesus dabei selbst vergnügt war und seine Freude hatte.

Denken wir nur daran, wie er reagierte, als er gefragt wurde, ob es erlaubt sei, dem Kaiser Steuern zu zahlen. Die Falle schien raffiniert konstruiert. Die Römer waren ja schließlich illegitime Besatzungsmacht. Sie hatten eine Stellung besetzt, die nach dem Glauben des Volkes Israel nur Gott selber zustand – dieser alleine war der wahre und rechtmäßige Herr seines Volkes. Noch dazu zahlt niemand gerne Steuern. Aus religiösen und populären Gründen wäre also ein Nein die passende Antwort gewesen. Ein solches Nein musste allerdings als politische Rebellion gewertet werden, die die Herrschaft der Römer nicht nur angezweifelt, sondern real gefährdet hätte. Gerade in der Steuerhoheit manifestiert sich ja die reale Macht der Regierenden. Jesus schien also nur die Alternative gehabt zu haben, die religiösen Gefühle und die natürliche Neigung seiner Zuhörer zu verletzen oder die römischen Machthaber gegen sich aufzubringen.

Da lässt er sich von den Fragenden eine Münze bringen und stellt die Gegenfrage, wessen Bild die Münze trägt. »Des Kaisers«, antwortet man ihm. »Dann gebt also dem Kaiser, was des Kaisers ist – und Gott, was Gottes ist.« Da hat er sie erwischt. Das römische Geld galt als unrein und durfte nicht einmal als Spende in den Tempel – weshalb es eigens in Opfergeld umgewechselt werden musste (woran die religiösen Autoritäten ganz schön verdienten). Allerdings scheuten sich auch die Schriftgelehrten nicht, dieses Geld zu nehmen und zu gebrauchen. Die scheinheilige und hinterhältige Frage war entlarvt. Die Zuhörer werden über die Blamage der Pharisäer gelacht haben. Und die ehrlicheren unter ihnen werden sich selbst ertappt gefühlt und über sich selbst mitgelacht haben – das befreiende Lachen einer Erkenntnis. In ein solch befreites Lachen hat Jesus wohl herzlich eingestimmt.

Die Bibel berichtet uns auch immer wieder von Festen, an denen Jesus und seine Jünger teilnahmen. (Das Hochzeitsfest nimmt Jesus häufig als Bild für den Himmel.) Bei diesen Festen ist es sicher sehr lustig zugegangen – wäre Jesus nur ernst dabei gesessen, hätte man ihn gewiss bald nicht mehr eingeladen. Er hat sicher mit allen anderen gegessen und getrunken, gelacht, gesungen und getanzt. Wegen dieser fröhlichen

Feiern haben mürrische Kritiker Jesus sogar einen »Fresser und Säufer« genannt. Er hält ihnen entgegen, dass auch aus dieser Festesfreude die Weisheit Gottes spricht.

In den Psalmen heißt es ein paar Mal wörtlich, dass »Gott lacht«. Allerdings verlacht er da seine Gegner und Feinde. Er lacht und spottet über sie. Wir Menschen würden wohl über aufgeplusterte Schwächlinge, die sich wichtig machen, spöttisch lachen. Bei Gott kann ich mir genau so ein Lachen nicht vorstellen. (In den Psalmen soll damit nur die Stärke Gottes betont werden, an die niemand herankommt. Gott selber nimmt diese Macht ja gar nicht wichtig – wie er uns in seiner Menschwerdung leibhaft vor Augen führt.)

Da überzeugt mich die kleine Anna viel mehr. Gott freut sich über seine Schöpfung und ihre Eigenarten (»Er sah, dass es gut war.«) Er lächelt uns liebevoll zu. Er freut sich mit uns. Des Öfteren wird er auch mitleidig lächeln – vermutlich gerade dann, wenn wir uns gar zu ernst nehmen. Und wenn Gott uns wirklich nach seinem Bild und Gleichnis geschaffen hat, wenn er sich also von uns Menschen in unserer Vielfalt und Eigenart widerspiegeln lässt, dann muss er eigentlich über ein beträchtliches Maß an Selbstironie verfügen – die wiederum in maßloser Liebe wurzelt, die er zu allen seinen Kindern hegt (sodass er sogar zu sich selbst Abstand nehmen kann).

Das empfinden wir an Menschen als heilig: dass sie Wesenszüge Gottes widerspiegeln und uns im Leben nahe bringen. Gerade die Heiterkeit, der Humor und das Lachen vieler Heiliger wirken befreiend und ermutigend, weil sie uns mit der Menschenfreundlichkeit Gottes vertraut machen.

Einer der Menschen, die in neuerer Zeit die heitere Herzlichkeit Gottes ausgestrahlt haben, ist der selige Papst Johannes XXIII. Die Verehrung für ihn ist seit seinen Lebzeiten ungebrochen – man kann ihn als einen echten Volksheiligen bezeichnen. Angelo Giuseppe Roncalli, der Sohn einer einfachen, kinderreichen Bauernfamilie aus Sotto il Monte bei Bergamo, fiel in seiner Echtheit und Klugheit dem Bischof auf, der ihn zum Studium nach Rom schickte. Dort konnte er aber nicht an der päpstlichen Eliteuniversität studieren. Für eine glänzende kirchliche Laufbahn schienen ihn auch weder Ehrgeiz noch Statur zu bestimmen. Doch der Heilige Geist findet eigene Wege.

Angelo Roncalli wirkt zunächst als Sekretär seines Bischofs und unterrichtet Kirchengeschichte im Priesterseminar. Im Ersten Weltkrieg wird er eingezogen und dient als Sanitäter, später als Feldgeistlicher. Nach dem Krieg arbeitet er in seiner Freizeit über den heiligen Karl Borromäus. Seine eifrige Arbeit in der Ambrosianischen Bibliothek in Mailand bringt ihn in Kontakt mit Achille Ratti, der seine Persönlichkeit bald zu schätzen weiß.

Als Papst Pius XI. beruft Achille Ratti Angelo Roncalli in den diplomatischen Dienst des Vatikan und bestellt ihn als Apostolischen Legaten für Bulgarien und ab 1934 für die Türkei und Griechenland. Auf diesem heiklen Posten in der schwierigen Zeit des Zweiten Weltkrieges knüpft Roncalli freundschaftliche Beziehungen zu Mitgliedern der türkischen Regierung und zu Führungspersönlichkeiten der orthodoxen Kirche. Während der deutschen Besetzung Griechenlands bemüht er sich, die Not zu lindern und die Deportation der Juden zu verhindern.

Gegen Ende des Krieges wird er zum Nuntius in Frankreich ernannt – einer der wichtigsten Posten in der vatikanischen Diplomatie. Als er das Ernennungstelegramm erhält, sitzt er lange schweigend davor und meint dann nur: »Die in Rom müssen verrückt geworden sein …« – Er ist doch kein raffiniert eleganter Diplomat! Die Meister dieser menschlichen Kunst wären aber mit der Aufgabe überfordert gewesen. Die politische Situation hat sich grundsätzlich verschoben. Die Kirche in Frankreich hatte schon seit der Revolution einen schwierigen Stand. Zahlreiche Bischöfe haben während des Krieges mit dem Vichy-Regime, das mit Hitler-Deutschland verbündet war, kollaboriert. Nuntius Roncalli geht die Probleme menschlich taktvoll, aber bestimmt an. Seine unzweideutige Haltung und Herzlichkeit erwerben die persönliche Zuneigung selbst politischer Gegner. In Anerkennung dieser Verdienste wird er 1953 zum Patriarchen von Venedig und zum Kardinal ernannt.

Nach dem Tod von Papst Pius XII. können sich die Kardinäle nicht einigen, wie es grundsätzlich weitergehen soll. Schließlich wählen sie einen »Übergangspapst«, der alt und krank ist – Angelo Roncalli, der den Namen Johannes XXIII. annimmt.

Als er gleich nach der Wahl seinen ersten Segen als Papst erteilen soll, passt er nicht einmal in den weitesten der vorbereiteten weißen Talare – man muss hinten die Nähte auftrennen. Er schaut in den Spiegel und meint: »Lieber Gott, wenn Du schon gewusst hast, dass Du mich einmal als Papst haben wolltest – hättest Du mich dann nicht wenigstens etwas fotogener machen können ...?« Das runde bäuerliche Gesicht mit der großen Nase strahlt heute noch trostvolle, heitere Herzlichkeit aus. Nach der Seligsprechung wurde der einbalsamierte Leichnam Johannes' XXIII. in einem gläsernen Sarg im Petersdom beigesetzt – das Gesicht nur von einer dünnen Wachsschicht überzogen. Noch nie habe ich das Gesicht eines Toten gesehen, das so voller gütiger Ruhe ist.

Johannes XXIII. hat wirklich einen Übergang ausgelöst – aber er war alles andere als eine unsignifikante Verschnaufpause im kirchlichen Machtspiel. Er hat das II. Vatikanische Konzil einberufen und in gute Bahnen gelenkt. Er hat den Geist in der Kirche neu wehen lassen.

Am Abend nach der Eröffnung des Konzils erteilte der Papst den Gläubigen auf dem Petersplatz und allen Zusehern in den Fernsehapparaten seinen Apostolischen Segen. Dabei wandte er sich an die Mütter und bat sie: »Gebt bitte Euren Kindern einen Kuss und sagt ihnen, er kommt von mir – zur Erinnerung an diesen bedeutsamen Moment.« Ich habe in Italien viele Menschen getroffen, die sich noch genau an diesen Kuss erinnern, den ihnen ihre Mutter im Namen des Papstes gab – und alle freuen sich bis heute darüber.

Die Vorsteherin des Heiligen-Geist-Klosters stellte sich dem Papst bei einer Audienz mit den Worten vor: »Ich bin die Oberin vom Heiligen Geist.« »Ich bin leider nur der Stellvertreter Christi«, antwortete ihr lächelnd der Papst.

Ein Bischof, der von Johannes XXIII. ernannt worden war, klagte dem Papst seine liebe Not mit dem neuen Amt. »Heiligkeit, die Aufgabe drückt mich schwer. Ich bin mir ständig der großen Verantwortung für meine Herde, für die vielen mir anvertrauten Menschen bewusst. Bis in den Schlaf hinein verfolgen mich diese Sorgen. Ich liege unruhig im Bett. Oft finde ich gar keinen Schlaf.«

»Das kenne ich«, erwiderte ihm darauf Johannes, »mir ist es genauso gegangen, nachdem ich zum Papst gewählt worden war. Die hohe Stellung, die Verantwortung für die Kirche auf der ganzen Welt, die großen Fragen der Zeit und die Nöte der Menschen … Auch ich bin schlaflos im Bett gelegen und war schon der Verzweiflung nahe. Da ist mir der Erzengel Michael erschienen. Er hat mich milde angeschaut und mir dann gesagt: ›Giovanni, nimm dich nicht so wichtig …!‹«

Das Befreiende einer heiteren Demut hat der Roncalli-Papst auf geradezu ansteckende Weise zu leben verstanden. Nicht unter der Last überhöhter Ansprüche, die wir uns selbst oder andere uns auferlegen, müssen wir uns mühen. Die Zuwendung Gottes gibt uns die Chance, Abstand, Freiheit und Zuversicht zu gewinnen – Lebensfreude anzunehmen und auszustrahlen.

Das heißt nicht, dass damit alle Schwierigkeiten und Leiden aufgehoben wären. Aufgesetzte Lustigkeit könnte eine derartige Illusion erzeugen. Sie hätte aber nur betäubende Wirkung. Zur Aufrechterhaltung einer solchen Narkose muss man die Dosis ständig steigern – die Sucht der Spaßgesellschaft.

Die Heiterkeit, die das Lächeln Gottes wahrnimmt, deckt das Leid nicht zu und löscht es nicht aus. Sie eröffnet aber eine andere Perspektive. Sie bringt Gottes Wohlwollen erleichternd und erlösend nahe. Und sie befähigt, zum Ganzen der Wirklichkeit in hoffnungsfroher Offenheit Ja zu sagen. Hellsichtiger und realistischer macht uns dieser Humor.

Als Angelo Kardinal Roncalli zum Papst gewählt wurde, war er schon krank. Er wusste das – und er wusste auch, dass genau das zum Kalkül etlicher zählte, die ihn gewählt hatten. Aber er glaubte daran, dass nicht menschliche Berechnung ihn erwählt hatte, sondern Gott in seinem unergründlichen Entschluss. Darauf vertraute Johannes XXIII. Deswegen wurden seinen Plänen nicht weniger innerkirchliche Widerstände entgegengebracht. Deswegen schmerzte ihn sein Krebsleiden nicht weniger. Sein heiteres Gemüt war aber glaubwürdiger Ausdruck dieses Vertrauens – und macht bis heute Mut.

Ein anderes heiliges Lächeln hat die Kirche und die Welt im 20. Jahrhundert heller gemacht. Das feine, bescheidene und gewinnende Lächeln der Mutter Teresa von Kalkutta. Man könnte meinen, es sei der Charme eines unbeschwerten Menschen, der alle irdische Last von sich geworfen hätte. Es war aber vielmehr ein tiefdringendes und weises Lächeln, das große (und schwere) Wahrheiten offen legte.

Eine Gruppe amerikanischer Professoren besuchte einmal Mutter Teresa bei ihrer Arbeit. Zum Abschluss bat einer der Besucher um einen Rat, einen hilfreichen Hinweis, den Mutter Teresa ihnen aus ihrer geistlichen Erfahrung geben könnte, damit sie besser lebten. »Lacht mit euren Frauen und euren Kindern«, sagte Mutter Teresa, »schenkt ihnen immer ein Lächeln, lächelt einander zu.« »Mutter Teresa, sind Sie denn verheiratet?«, erwiderte der fragende Professor mit einem Anflug von Ironie. »Ja freilich«, gab ihm Mutter Teresa prompt zur Antwort, »und es fällt mir manchmal sehr schwer, Jesus zuzulächeln, denn er ist sehr anstrengend.« Alle lachten – und keiner ahnte, welche erschütternde Wahrheit Mutter Teresa damit ausgesprochen hatte. Etwa vierzig Jahre lang lebte sie in fast ununterbrochener geistlicher Trockenheit. Sie liebte Gott aus ganzem Herzen, erfuhr aber in ihrer zweiten Lebenshälfte so gut wie keine gefühlsmäßige innere Zuwendung Gottes. Ein solcher Ehemann ist wahrhaftig anstrengend – eine regelrechte Zumutung.

Wie sehr Mutter Teresa unter dieser inneren Einsamkeit und Eiseskälte litt, können wir kaum erahnen. Aber

Ihr Lächeln kennt die ganze Welt: Mutter Teresa

sie hat nicht aufgehört, Jesus zuzulächeln. Ihr Lächeln hatte die Gestalt tätiger, höchstpersönlicher Hilfe für die Ärmsten der Armen. Und viele, die ein Leben lang nichts zu lachen hatten, konnten ihr Leben in Frieden und mit einem Lächeln vollenden.

Dass Mutter Teresa unter dieser schweren Belastung ihr Vertrauen in Gott nicht verlor, beweist kaum etwas besser als ihr Lächeln und ihr Humor.

Humor hat aber auch eine kritische bis rebellische Dimension. Die Gewaltherrschaften fürchten Witz und Spott als echte Bedrohung. Dieser aufmüpfige Aspekt des Humors ist den Heiligen nicht fremd. Welche tiefen

Schichten der Persönlichkeit er erreichen kann, sehen wir wieder an Mutter Teresa. Auf der Bischofssynode 1980 erzählte sie den aus aller Welt in Rom versammelten Bischöfen: »Am Beginn meiner Aufgabe bekam ich einmal hohes Fieber und träumte, ich sei zu Petrus (an die Himmelstür) gelangt. Dieser sagte mir: ›Geh zurück nach unten – hier haben wir keine Armenquartiere!‹ Da wurde ich sehr wütend und antwortete ihm: ›Gut, dann werde ich Dir das Paradies mit meinen Leuten anfüllen und schließlich wird es auch im Himmel Armenquartiere geben. Du wirst am Ende gezwungen sein, mich hineinzulassen.‹«

Die Kritik an falschen (von Eigeninteressen bestimmten) Himmelsvorstellungen verbindet sich mit einer Empörung im Geiste Christi. Die innere Gewissheit, mit Gott in diesem Anliegen übereinzustimmen, macht leidenschaftlich, aber nicht fanatisch. Handfester Beweis dafür ist erneut der Humor. Er deckt die lächerliche Ängstlichkeit verbissener Machtspielchen auf und befreit zum unverkrampften Handeln aus dem Vertrauen auf Gott.

Heiliger Humor hat seinen Platz in der Auseinandersetzung zwischen Gott und den Menschen, im Ringen eines Heiligen mit Gott und dessen oft unbegreiflichem Willen. In einer leidenschaftlichen und herzlichen Beziehung wird auch der Unwillen leidenschaftlich und herzlich zum Ausdruck gebracht werden.

Theresia von Avila ist auf solch herzerfrischende Weise mit Gott umgegangen. Sie weiß, dass Gott von uns keine sklavische Unterwürfigkeit will, sondern unsere freie und engagierte Liebe ersehnt. Es ist ihm sein Leben wert, uns höchstpersönlich zu begegnen. So jemand zieht eine persönliche, herzhafte Auseinandersetzung jeder Kriecherei vor.

Wieder einmal reist Theresia durch Spanien, um der Erneuerung in ihrem Orden Ansporn und Auftrieb zu geben. Der Weg ist mühsam, kalte Winde fegen über die kahle Landschaft. Zu allem Überdruss scheut das Maultier mitten in einer Furt und wirft Theresia in den Schlamm. »Hat denn das jetzt auch noch sein müssen?«, wendet sich Theresia verärgert an Gott. Und der antwortet ihr: »So tu ich meinen Freunden.« Worauf Theresia prompt erwidert: »Da ist es ja kein Wunder, dass Du nicht mehr davon hast!«

Mit dieser Art von Humor stellt sich der Mensch mit allen Eigenarten und Kanten Gott gegenüber – nicht etwa anmaßend großtuerisch, sondern vertrauensvoll und gläubig. Kommt doch darin der Glaube zum Ausdruck, dass Gott sich in seiner Menschwerdung auf du und du mit uns eingelassen hat – also wirklich Mensch geworden ist.

Philipp Neri verstand es meisterhaft, seine Kritik an den Anordnungen höherer Herrschaften, denen er sich in Demut unterwarf, auf humorvolle Weise zum Ausdruck zu bringen. Da er sich dabei selbst lächerlich machte, war ihm schwer anzukommen.

So wehrte sich Philipp lange dagegen, die Leitung der von ihm zusammengeführten Gemeinschaft zu übernehmen. Und als er nachgab, wollte er jedenfalls nicht aus seiner bescheidenen Behausung in San Girolamo an den neuen, großzügigeren Sitz bei S. Maria in Vallicella übersiedeln. Schließlich fügte er sich einer entsprechenden päpstlichen Anordnung, erbat sich jedoch, den Umzug nach eigenem Gutdünken organisieren zu dürfen. So bewegte sich bald darauf ein Zug seltsam trauriger Gestalten durch die Ewige Stadt. Mit feierlicher Leichenbittermiene wurden lädierte Pfannen und Töpfe, ein jämmerliches Bettgestell und sonstiger altersschwacher Hausrat durch die Straßen getragen (ich bin überzeugt, dass auch ein Nachttopf darunter war). Parodie auf eine festliche Prozession, trauriger Faschingsumzug – die gewichtige päpstliche Anordnung wurde durch die armselige Realität ironisiert. Die Römer staunten und lachten sich eins. Ob Papst Gregor XIII. genügend Humor hatte, selbst mitzulachen, ist uns nicht überliefert.

Der Humor Philipp Neris speiste sich zu einem guten Teil aus seiner unbändigen Freude an den Geschenken Gottes – in der Natur, in der persönlichen Begegnung. Da konnte er tanzen, jubeln und singen – was nicht nur gesetzten und gestrengen Personen auf peinliche Weise lächerlich erschien. Philipp lebte eine kindlich spontane Freude aus – und was freut einen Schenkenden mehr als eine so unmittelbare und unverkrampfte beglückte Reaktion. Kinder, Verliebte und Narren verstehen es, in direkten, spontanen Ausdrücken der Freude ein leidenschaftlich liebevolles Ja zu sagen. Sie nehmen das Geschenk Gottes vorbehaltlos an. Und genau das sind wir ja Gott gegenüber: Kinder, Verliebte und Narren. Und genau dazu macht sich Gott uns gegenüber: zum Kind, zum Verliebten, zum Narren. Seine Torheit aber ist weiser als alle menschliche Weisheit.

Genussfähigkeit gehört zu einem gottgefälligen Leben. Er schenkt uns seine Gaben ja nicht, damit wir sie griesgrämig zurückweisen. Wir sollen sie annehmen, uns darüber freuen und sie ganz auskosten – bis in die innersten Tiefen ihres Gehalts. Traurig ist es nur, wenn wir an der Oberfläche hängen bleiben. Unsere Sünden bestehen darin, dass wir uns mit zu wenig zufrieden geben.

Alles Gute setzt uns in seinem Wesen miteinander und mit Gott in Beziehung. Also leben wir all das gut,

Gianna mit Ehemann Pietro

was wir als eine lebendige, befreiende und belebende Beziehung leben.

Die selige Gianna Beretta Molla (1922–1962) war eine lebenslustige, schöne und begabte Frau. Sie liebte die Natur und die Kunst. Sie trieb begeistert Sport und liebte Konzerte und Theater. Ihr Mann und sie sahen einander als Geschenk Gottes an und genossen einander innig. Die drei Kinder waren ihnen eine große Freude. Giannas Mann betrieb erfolgreich ein großes Unternehmen mit 3000 Mitarbeitern. Sie selbst arbeitete als Kinderärztin – geachtet, geschätzt und geliebt. Leidenschaftlich stürzt sie sich in ihre Aufgaben, mit großer Dankbarkeit genießt sie, was ihr reich geschenkt ist. Ihr Mann wird später einmal sagen, er hätte nicht den Eindruck gehabt, mit einer Heiligen zu leben (da hatte er noch das Bild des abgehobenen, weltfremden Heiligen). Erst im Weiteren erkennt er ihre Heiligkeit »in der Alltäglichkeit des Lebens – gelebt im Lichte Gottes«.

Als sie sich ein viertes Kind wünscht, wird ihr auch dieser Wunsch erfüllt. Aber bald erfährt sie, dass sie sich zwischen dem Leben dieses Kindes und dem ihren entscheiden muss. Eine furchtbare Entscheidung – sie trägt schließlich Verantwortung für ihre drei Kinder und den Mann. Die brauchen sie notwendig, aber – so sagt sie sich – Mann und Kinder können auch ohne sie leben, das Ungeborene kann aber nur leben, wenn sie ihm ihr Leben schenkt. Sie entscheidet sich alleine – für das Kind. Die Monate vor der Geburt des Kindes und ihrem Tod lebt sie weiter in ihrem alltäglichen Einsatz und ih-

Gianna mit den Töchtern Mariolina und Laura

ren alltäglichen Freuden. Als ihr Mann in dieser Zeit beruflich nach Paris muss, bittet sie ihn, ihr Modezeitschriften mitzubringen. Falls sie doch überleben sollte (als Ärztin weiß sie jedoch, dass sie keine Chance hat), wolle sie sich einige neue Kleider machen lassen. Die Zeitschriften sind erhalten – samt Giannas Anmerkungen bei den Modellen, die ihr gefielen … Sie verstand es, sich selbst in dieser schweren Zeit noch zu freuen. Ein dankbares Ja zu Gott ist ein großzügiges Ja zum Leben. In der freudigen und dankbaren Annahme ihres

Lebens bis in seine tiefsten Geheimnisse hinein erfuhr Gianna Beretta Molla eine große Freiheit – und schuf in ihrer Umgebung neue Freiheit für neues Leben. Der befreiende Aspekt des Humors eröffnet neue Perspektiven der Beziehung zu Gott. Er räumt manches Hindernis aus dem Weg. So haben Heilige auch immer wieder humorvoll Hindernisse für andere ausgeräumt.

Drastisch komödiantisch hat das Philipp Neri oft in Szene gesetzt. Er wollte mit aller Kraft verhindern, als heilige Schaubudenfigur bestaunt zu werden. Seine starken inneren Bewegungen und manch Wunderbares in seinem Umfeld konnten natürlich nicht auf Dauer verborgen bleiben. Aber »geistliche« Sensationsgier führt nur zu »frommer« Aufgeregtheit und nicht zu einer lebendigen Beziehung mit Gott und den Menschen. Gaffen verbindet nicht, sondern distanziert.

Daher gibt sich Philipp immer wieder ganz bewusst der Lächerlichkeit preis. Er tritt in den abstrusesten Verkleidungen auf: Er bindet sich einen Polster als Turban auf den Kopf und spaziert als »Türke« durch Rom; er trägt grelle rote Hemden über seinem Talar; er zieht die Soutane verkehrt herum an. Er setzt einem stadtbekannten Vagabunden sein Priesterbarett auf, nimmt ihm dafür die Weinflasche weg und trinkt in großen Schlucken aus ihr – vor den Augen der verblüfften Römer. Sie lachen ihn aus – und lassen ihn von dem Podest herunter, auf das er nicht will, weil er den Menschen zu Gott hinhelfen will – ihnen nicht die Sicht verstellen möchte.

Wenn sich jemand allerdings nicht vom Wesentlichen ablenken ließ, dann brauchte sich Philipp Neri auch nicht vor ihm zu verstecken. Es wird berichtet, Philipp sei beobachtet worden, wie er in einer Kirche über dem Boden schwebte, während der Kirchendiener seelenruhig unter ihm aufkehrte. Der Beobachter fragte den Sakristan, was denn da los sei. »Ach so ... Pater Philipp schwebt gerade wieder im Gebet«, gab der zur Antwort und kehrte ungerührt weiter. Das Lächeln, das diese Geschichte bei uns auslöst, befreit und verbindet. Philipp Neri hätte seine Freude daran.

Das herzhaft ermutigende Lachen Gottes begleitet die Menschheit vom Beginn der Schöpfung an. Es bekommt ganz nahe menschliche Züge im Lachen des Kindes in der Krippe und führt durch alle Freuden und Leiden hin zum Osterlachen, das von der Urangst des Todes befreit.

In vielen Heiligen wird uns diese realistische Heiterkeit neu entgegengebracht – und wir sind angeregt, uns herzhaft anstecken zu lassen.

Lebensbild 7

Luigi und Maria Beltrame Quattrocchi
(1880–1951 und 1884–1965)

Am 21. Oktober 2001 hat Papst Johannes Paul II. zum ersten Mal in der Geschichte ein Ehepaar gemeinsam selig gesprochen – ein »ganz normales« Ehepaar, das weder eine religiöse Gemeinschaft gründete, noch als Missionare in ferne Länder zog und auch nicht das Martyrium erlitt. Der Papst sagte in seiner Ansprache, die beiden hätten »ein gewöhnliches Leben auf außergewöhnliche Weise gelebt«.

Luigi Beltrame wird am 12. Jänner 1880 in Catania geboren. Sein Vater ist ein höherer Beamter, der im Laufe seiner Karriere quer durch Italien versetzt wird. Das Ehepaar Beltrame hat vier Kinder. Luigi wird mit neun Jahren seinen kinderlosen Verwandten Onkel Luigi und Tante Stefania Quattrocchi anvertraut. (Vor seiner Hochzeit nimmt Luigi den Namen seiner Zieheltern als zweiten Namen an.) Zu den Eltern und Geschwistern hält er zeitlebens Kontakt, trotz unschöner Erbschaftsdifferenzen. Mit den Quattrocchis übersiedelt Luigi 1890 nach Rom. Hier besucht er das Gymnasium und studiert Rechtswissenschaften.

Während seines Studiums lernt er 1901 Maria Corsini kennen, deren Eltern seit 1883 in Rom leben. Ma-

ria wurde am 24. Juni 1884 in Florenz geboren und stammt aus einer angesehenen alten Familie, die mit Clemens XII. sogar einen Papst gestellt und mit Bischof Andreas von Fiesole einen Heiligen hervorgebracht hat. Marias Vater ist Offizier und wird als solcher von einer italienischen Garnisonsstadt in die andere versetzt. Ihre Mutter scheint eine eher dominierende Person zu sein. Der Vater ist offenbar impulsiv. Die Kombination führt zu Spannungen und Streitigkeiten. Maria genießt eine überdurchschnittlich gute Ausbildung. Sie interessiert sich für Literatur, bildende Kunst und Musik. Sie lernt Englisch und Französisch. Bald beginnt sie, Artikel zu schreiben.

Ihre Erstkommunion dürfte sie stark geprägt haben. Von da an zeigt sie ein reges religiöses Interesse.

Luigi schließt sein Studium ab, seine Zieheltern und seine leibliche Mutter sterben binnen zwei Jahren, und er beginnt bei einem Anwalt zu arbeiten. 1904 erkrankt er schwer an einem Zwölffingerdarmgeschwür. Maria Corsini schreibt ihm, dass sie besonders für ihn beten wird, und schickt ihm ein Madonnenbildchen. Die Korrespondenz wird bis zum Lebensende nicht abreißen. 284 Briefe des Paares sind erhalten (obwohl ein Block von 17 Jahren ganz fehlt).

Als Luigi gesund zurückkommt, intensiviert sich der Kontakt zwischen den beiden. Im März 1905 verloben sie sich. Am 25. November 1905 heiraten Luigi und Maria in der Kapelle der heiligen Katharina in S. Maria Maggiore.

Luigi und Maria Beltrame Quattrocchi

Im Oktober 1906 kommt Sohn Filippo zur Welt, im März 1908 Tochter Stefania und im November 1909 Sohn Cesare. Als Maria Beltrame Quattrocchi merkt, dass sie bald nach der Geburt der Tochter erneut ein Kind erwartet, ist ihr Mann gerade auf Dienstreise und sie alleine. Sie beschreibt in einem ihrer Bücher diesen Moment, in dem sie Angst bekommt. Wie werde denn wohl Luigi reagieren? Wie würden sie die Belastung meistern? Mitten in ihre Sorgen hinein sagt sie ihr Ja.

Weit Ärgeres als die Angst in einem Moment der Einsamkeit bedroht Maria, als sie 1913 schwanger wird. Die Ärzte diagnostizieren eine vorzeitige Ablösung der Plazenta. Das Kind habe keine Überlebenschance und die Mutter höchstens fünf Prozent, falls nicht sofort abgetrieben werde. Maria und Luigi entscheiden sich in großem Gottvertrauen gegen eine Abtreibung. Die Ärzte halten Luigi vor, er riskiere, mit drei Kindern als Witwer dazustehen. Das Ehepaar lässt sich in seiner Entscheidung nicht erschüttern. Ihr Gottvertrauen und ihr gläubiges Ja zum Leben ersparen den beiden allerdings nicht die Sorgen und Ängste in dieser lebensbedrohlichen Situation. Doch dann gebiert Maria im April 1914 eine gesunde Tochter, Enrichetta – die ihre Eltern bis zu deren Tod betreuen wird.

Inzwischen beginnt Luigi eine Beamtenkarriere. Er hatte sich um eine Stelle in der Finanzprokuratur beworben und den Bewerb gewonnen. Kontinuierlich steigt er auf der Stufenleiter empor und erhält eine Reihe von Auszeichnungen.

Am meisten prägt ihn aber sein geistliches Leben in diesem Rahmen als Ehemann, Vater, engagierter Laie und Beamter aus. Der junge Luigi war zwar recht anständig gewesen, aber nicht besonders religiös. Maria öffnet schon ihrem Verlobten immer mehr die Dimension einer inneren Beziehung zu Gott.

Seit 1907 begleitet ein Franziskaner den Weg des Paares. Sie beten täglich gemeinsam und feiern jeden Tag zusammen die heilige Messe mit. Die große Herausforderung der lebensgefährlichen Schwangerschaft bestehen beide in diesem gemeinsamen Glauben.

1919 erleidet Maria eine derartige körperliche Schwäche, dass sie den Tod nahe meint. Sie schreibt ihrem Mann und ihren Kindern: Ihren Glauben, ihre Hoffnung und ihre dürftige Liebe hinterlasse sie, und sie bit-

tet vor allem um die Bereitschaft, die zahllosen kleinen, alltäglichen Aufgaben anzunehmen und sie in Gemeinschaft mit Jesus zu erfüllen.

Maria wird aber wieder ganz gesund und engagiert sich in einer großen Zahl von katholischen Laienorganisationen – von der Katholischen Aktion bis zu den Pfadfindern, vom neuen Verband der katholischen Akademiker bis zur »Familienfront«. Beinahe verwirrend sind Zahl und Typ der verschiedenen Verbände, denen Maria angehört.

Eine beachtliche Gruppe von namhaften Priestern steht in engem Kontakt mit dem Ehepaar Beltrame Quattrocchi.

Luigi, der die Natur sehr liebt, engagiert sich für die Pfadfinderbewegung und wirkt im nationalen Leitungsgremium mit. Die beiden Söhne werden ebenfalls Pfadfinder und tragen sogar die Neugründung einer Pfadfindergruppe in einer heruntergekommenen Gegend nicht weit von S. Maria Maggiore mit. Luigi will den Jugendlichen Halt und Hoffnung geben.

Als aus kirchlichen Kreisen Kritik an der Pfadfinderidee laut wird (u. a., weil der Gründer, Baden-Powell, nicht katholisch war), lässt sich Maria die Bücher Baden-Powells im Original kommen, studiert sie zusammen mit ihrem Mann – und verteidigt dann die Bewegung grundsätzlich.

Zwischen den verschiedenen katholischen Organisationen gab und gibt es leider immer wieder auch Rivalitäten und Differenzen. Diesen Spannungen konnte sich auch die Familie Beltrame Quattrocchi nicht entziehen. Maria wurde teilweise vorgeworfen, sie sei vor allem in den 20er und 30er Jahren mit ihrem Urteil oft hart und schneidend gewesen. Die Entwicklung hat sie aber offenbar milder und zurückhaltender gemacht – dabei dürfte sie mit einem dominanten mütterlichen Charakter schließlich erfolgreich gekämpft haben.

1922 eröffnen drei der vier Kinder den Eltern, dass sie sich zum geistlichen Stand berufen fühlen. Maria beschreibt später, wie sehr sie sich dadurch geehrt gefühlt habe. Sie spricht davon, dass ihr Mann und sie gemeinsam ihre Zustimmung gaben und so mit übernatürlicher Hilfe »den Widerstand des menschlichen Gefühls« überwinden konnten. Daran ist zu sehen, dass auch Maria und Luigi mit dieser Entscheidung zu kämpfen hatten. Nicht zuletzt rät Luigi seinen Kindern zu einer genauen, sorgfältigen und vorsichtigen Prüfung ihrer Entscheidung. Und wer ihn näher kennt, spürt, wie sehr ihn der Weggang der drei Kinder schmerzt (Filippo und Cesare werden zunächst Benediktiner, Stefania wird Benediktinerin).

Die erste Hälfte des 20. Jahrhunderts bildete auch in Italien eine Zeit großer Um- und Zusammenbrüche. Luigi und Maria sind politisch sehr interessiert. Abends liest er die Zeitung vor, und gemeinsam kommentiert man sie – nicht gerade die übliche Rollenverteilung eines Ehepaares am Beginn des 20. Jahrhunderts.

Während des Ersten Weltkrieges arbeitet Maria als Rot-Kreuz-Schwester für die Verwundeten. Während des Zweiten Weltkrieges lässt sie sich für Tropenkrankheiten ausbilden und wirkt wieder als Schwester in Lazaretten.

Luigi macht dank seiner Korrektheit, seinem Arbeitseifer und seiner Ausgewogenheit Karriere und erreicht den Titel eines Stellvertretenden Generalanwalts des Staates. Schon 1939 bietet ihm der Justizminister die Position des Generalanwalts an. Luigi Beltrame Quattrocchi lehnt ab, weil er damit in eine politische Beamtenposition kommen und den Faschismus offiziell mittragen würde.

Auch als 1948 Ministerpräsident De Gasperi von der Democrazia Cristiana Luigi den Posten des Generalanwalts anbietet, lehnt dieser ab – genauso wie einen Sitz im italienischen Senat. Es gab offenbar keine politische Position, die Luigi Beltrame Quattrocchi vollinhaltlich hätte vertreten können – und auf Kompromisse wollte er sich auf dieser Ebene nicht einlassen. Selbst dem Partito Popolare, den Don Sturzio – sein priesterlicher Freund – gegründet hatte, trat Luigi nicht bei.

Maria soll für den Duce geschwärmt haben und arbeitete mit der faschistischen Bewegung junger Frauen zusammen. (Politische Dummheiten und Fehler werden durch eine Seligsprechung nicht gerechtfertigt!)

Manche meinen, ihr angeblich oft hartes Urteil und ihre Intransingenz zur damaligen Zeit seien auch von der politischen Haltung beeinflusst worden – andere schreiben das ihrer toskanischen Herkunft oder dem Charakter ihrer Mutter zu …

Von den 20er bis in die 50er Jahre publiziert Maria eine Reihe von Büchern (z. B. »Leben mit Kindern«, »Das Feuer muss brennen«, »Lichter der Liebe«, »Röntgenbild einer Ehe«). Ihr großes Thema sind Erziehung und Bildung – dargestellt am Material eigener Erfahrung.

Das Haus Beltrame Quattrocchi ist gekennzeichnet von Bescheidenheit, Großzügigkeit und Gastfreundschaft. Selbst ein Mädchen, das an der lebensbedrohenden spanischen Grippe leidet, nehmen sie in ihr Haus auf. Das Gottvertrauen, in dem Luigi und Maria da handelten, gilt so manchem als grobe Unvernunft.

Während des Zweiten Weltkrieges werden beide Söhne als Militärkapläne eingezogen, und der Konvent, in dem Tochter Stefania lebt, wird bombardiert. Nach dem Zusammenbruch Italiens nehmen Luigi und Maria Flüchtlinge in ihrer Wohnung auf, verstecken sie vor der SS und schmuggeln sie als Benediktiner verkleidet nach Subiaco ins Kloster. Die Söhne organisieren diese Aktionen und helfen jüdischen Mitbürgern, der Deportation zu entgehen.

Während des Krieges erleidet Luigi zwei Herzattacken. Anfang November 1951 ruft er nach über zwanzig Jahren erstmals wieder die gesamte Familie zusammen – und stirbt am 9. November.

Maria überlebt ihn um 14 Jahre – sie stirbt während des Angelus-Gebets am 26. August 1965.

Es ist bezweifelt worden, dass Luigi und Maria Beltrame Quattrocchi als ermutigendes Beispiel für Ehepaare unserer Zeit gelten könnten. Gar zu viele Priester *seien um sie herum gewesen, drei geistliche Berufungen bei vier Kindern und auch das vierte Kind ehelos – das sei doch kein besonders positives Bild der Ehe. Sicher ist aber, dass Luigi und Maria die Berufung ihrer Kinder nicht herbeigeführt haben, damit sogar zu kämpfen hatten und insbesondere Maria sich mit der Weiterentwicklung nicht leicht tat. Beide Söhne verließen nämlich den Benediktinerorden nach einigen Jahren. Der jüngere wurde Trappist, was Maria nach anfänglichem Zögern akzeptierte. Der ältere wurde Diözesanpriester, weil er sich mehr der direkten Seelsorge verpflichtet fühlte. Maria hatte sich um ihn immer Sorgen gemacht, weil er sich überarbeitete – und das Verlassen des Ordens (obwohl es nach allen kirchlichen Regeln geschah) hat sie lange nicht verkraftet. Luigi schrieb dem älteren Sohn in dieser Situation, es sei nicht leicht, seine Überlegung mitzutragen, aber beide vertrauten sie darauf, dass er den Willen Gottes suche und danach entscheide.*

Das Loslassen der eigenen Kinder und die Förderung von deren entscheidungsfähiger Freiheit war zu allen Zeiten ein Hauptthema der Familie.

Während sich mancher bei Maria Beltrame Quattrocchi weniger Aktivismus wünschte, wurde bei Luigi zu wenig Aktion kritisiert. Es wurde ihm sogar vorgeworfen, seiner Frau gegenüber zu nachsichtig gewesen zu sein. Er hat offensichtlich unabhängig vom Zeitgeist seine Frau als gleichrangig betrachtet und behandelt. Er wirkte in seiner sanften Art beruhigend auf sie – wie man an der Geschichte mit der Berufung der Söhne se-

Die Kinder der beiden Seligen

hen kann. Die Kinder berichten auch, dass er die strenge, mitunter harte Linie seiner Frau oft durch seinen Humor gemildert habe.

Nach dem Ablauf des Verfahrens zur Seligsprechung meinte jemand, eigentlich sei nur Maria die Heilige gewesen, Luigi sei davon mitgezogen worden. Ein Blick auf die Geschichte der beiden zeigt deutlich, wie sehr sie sich ergänzten und so einen wirklich gemeinsamen Weg zur Heiligkeit gegangen sind.

Worin denn das Besondere der beiden Seligen liege, wurde auch immer wieder kritisch gefragt. Wenn mit »Besonderem« »Sensationelles« gemeint ist, dann ist tat-

sächlich nichts zu finden. Die besondere Bewährung in der gefährlichen Schwangerschaft und die Hilfe während des Krieges waren Gott sei Dank keine Einzelfälle.

Aber die beiden zeigten uns, dass der oft banale Alltag Ort der Heiligkeit ist. Luigi hatte z. B. konsequent verhindert, dass in seiner Gegenwart getratscht oder schlecht über jemanden gesprochen wurde. Bahnte sich etwas Derartiges an, räusperte er sich – und wenn das nicht genügte, meinte er nur: »Wir wollen doch nicht tratschen.« Eine solche Konsequenz in einem der heikelsten Bereiche des Zusammenlebens erscheint mir heroischer als viele Großtaten.

Maria und Luigi Beltrame Quattrocchi haben ein gewöhnliches Leben geführt – mit ihren Schwächen und Übertreibungen, mit allen Freuden und Bewährungen. Besonders war ihr Vertrauen in Gott und die Pflege des vertrauten Umgangs mit ihm, der heilig macht.

Für die Seligsprechung wurde übrigens ein gemeinsames Wunder anerkannt. Eine Heilung schwerster Kreislaufprobleme war nach dem Gebet zu Luigi und Maria um deren Fürbitte erfolgt. So sind sie sogar im Wunder vereint.

Der Papst hat sich in der Predigt zur Seligsprechung von Luigi und Maria Beltrame Quattrocchi bei dem Ehepaar für die Hilfe, die sie ihm in seinem Dienst sind, ausdrücklich bedankt.

Kapitel VI

So helft doch! – Wunder bitte!

»Ich habe für alle Fälle meine speziellen Heiligen«, sagte mir einmal eine recht kirchenkritische Frau mittleren Alters (und so Ähnliches habe ich inzwischen oft und oft von den verschiedenartigsten Menschen gehört): »Wenn ich etwas verlege, bitte ich den heiligen Antonius. Im Auto habe ich eine Plakette des heiligen Christophorus. In meinem Ferienhaus steht eine Statue des heiligen Florian (aber ich bin auch feuerversichert ...). Den Blasiussegen gegen Halsschmerzen habe ich mir leider schon lange nicht mehr geholt. Und in allen aussichtslosen Fällen wende ich mich an den heiligen Judas Thaddäus. Bei dem muss man aber immer neun Tage lang beten – dem heiligen Antonius muss man nur eine bestimmte Summe für seinen Opferstock versprechen.« »Und Gott selber bitten Sie nicht?«, fragte ich. »Ach, den will ich mit meinen Kleinigkeiten doch nicht belästigen. Vielleicht, wenn es einmal um etwas ganz Großes und Wichtiges geht ...«

Ist das nicht ein furchtbarer Aberglaube – helfende Heilige? Was sollen diese Toten schon bewirken? Und wäre nicht jeder Eingriff von außen in unsere Wirklichkeit zwar ein Wunder, aber auch eine Aufhebung unserer Freiheit?

Schaffen solche Heilige nicht erst recht wieder eine Distanz zu Gott? Selbst wenn sie als Vermittler betrachtet werden, bestätigen sie doch auch damit, dass Gott fern ist und wir eine Überbrückungshilfe brauchen?

Hat nicht die Kirche mit den Heiligen nur das offenbar unauslöschliche Bedürfnis der Menschen nach vielen – helfenden und speziell zuständigen – Göttern zu befriedigen versucht? Ist es nicht auffällig, dass viele vorchristliche Kultstätten zu Wallfahrtsorten und Plätzen der Heiligenverehrung umgewandelt wurden? Alles nur raffinierte kirchliche Propaganda für das schlichte Volk, das mit einem einzigen Gott nicht zurechtkommt, weil er zu unhandlich ist für den Hausgebrauch und das alltägliche Leben?

Ja, tatsächlich stehen viele Kirchen in unseren Landen an den Stätten alter keltischer Quell- oder germanischer Baumheiligtümer. In Rom gab es den Brauch des Heilschlafs im Tempel der Dioskuren Castor und Pollux am Forum Romanum. Kranke konnten nachts in diesem Tempel schlafen und erhofften sich dadurch Heilung. Diese Praxis scheint überaus beliebt gewesen zu sein. Da baute Papst Felix II. schräg gegenüber dem Dioskurentempel in die Reste der Bibliothek des Vespasian die Basilika der heiligen Kosmas und Damian, zweier Brüder und Ärzte aus dem Orient, die Patienten unentgeltlich behandelt und viele Bekehrungen zum Christentum bewirkt hatten und die in der Verfolgung des Diokletian enthauptet wurden. Auch dort durften

Kranke übernachten, und es gab Heilungen. Der Kult der Dioskuren verfiel.

Ist das nicht der beste Beweis für den manipulativen Einsatz von »Heiligen« – schlichte Ausnutzung des Aberglaubens?

Wenn die ursprünglichen Kulte tatsächlich bloßer Aberglaube, absoluter Unfug ohne jeden Wahrheitsgehalt wären, so wäre auch jede Umformung unrecht, weil nichts an Wahrem und Hilfreichem vermittelt werden könnte (aus nichts wird nichts ...). Alle Kulte und Heilstätten bringen aber nicht bloß einen Wunsch, sondern eine tiefe menschliche Erfahrung zum Ausdruck:

Wir sind nicht allein gelassen. Wir erleben Zuwendung und Hilfe aus einer Dimension, die das bloß Menschliche übersteigt – die wir göttlich nennen. Das stimmt in dieser Allgemeinheit mit der Offenbarung Gottes, der Botschaft Jesu Christi durchaus überein.

Eine bequeme Tendenz in uns lässt uns beeindruckende Erscheinungen und Erfahrungen gerne absolut setzen. So wird etwa aus dem Blitz und der Weisheit jeweils eine Gottheit. Die sich so ergebende nahezu endlose Vielfalt von Göttern und Dämonen verwirrt und macht letztlich unfrei.

Der forschende Geist und die suchende Seele können sich mit ihnen nicht abfinden. Beim tieferen Eindringen in diese Phänomene wird erkannt, dass hinter ihnen oder in ihnen eine größere Wirklichkeit steckt. So sind nicht mehr Blitz und Weisheit selbst Götter, sondern man erahnt einen Gott des Blitzes und einen der Weisheit.

Auch damit geben sich Geist und Seele nicht zufrieden. Noch tiefer dringen sie vor und gelangen zum *einen* göttlichen Wesen, das sich als Ursache und Ziel in allem verbirgt.

Jesus Christus offenbart uns diesen Gott als den liebenden Vater, der sich uns persönlich zuwendet und uns einlädt und auffordert, unsere Ähnlichkeit mit ihm ganz zu entfalten.

Mit dem Auftrag, diese erlösende und befreiende Botschaft in alle Welt zu tragen, hat Jesus seine Apostel – den Grundstock seiner Kirche – betraut. Der heilige Paulus spricht am Areopag in Athen die Verehrung der Griechen für den unbekannten Gott an, der dort einen eigenen Altar hat, und will ihn offenbaren.

Wo immer die Suche nach Gott beginnt und das Vertrauen in ihn ansetzt, kann auch die Verkündigung seiner Botschaft ansetzen. In diesem Sinn ist das Aufgreifen alter Kulte und Gebräuche nur eine Vertiefung jener Erkenntnisse und Erfahrungen, die nicht ruhen, ehe ihrem umfassenden Anspruch eine umfassende Antwort persönlich begegnet.

Die Heiligen vermitteln genau das: Dass man dem einen Gott trauen kann und dass ein Leben im Vertrauen auf Gott glückt (wie immer es nach außen aussehen mag). Sie belegen mit ihrem Leben die Nähe Gottes und spiegeln in ihren Charakterzügen und Handlungsweisen einzelne Aspekte der unendlichen Vielfalt Gottes wider. So ermutigen sie dazu, sich persönlich Gott zuzuwenden und sich ihm anzuvertrauen. Wir sind ihm in allem wichtig – und nie lästig.

Eine verirrte und in die Irre führende Verehrung der Heiligen machte mitunter und macht manchmal auch heute noch die Heiligen zu distanzierenden (Halb-)Göttern. Ein solcher Kult hat aber das Leben und die Erfahrungen der Heiligen nie zur Kenntnis und ernst genommen. Stattdessen werden Mythen geschaffen – Illusionen statt Realitäten. Die Folge ist Aberglaube statt Gottvertrauen. Es genügt aber, einen unvoreingenommenen Blick auf die Realität der Heiligen und ihres Lebens zu werfen, um die Illusionen zu entlarven.

Sind die Heiligen also nur ermutigende Beispiele und wäre es vermessen, von ihnen konkrete, direkte Hilfe zu erwarten? Wäre es denn dann nicht einerlei, ob sie real existiert haben oder nur eine erbauliche Geschichte bieten?

Erstens hat ein reales Leben eine andere Qualität als ein Erbauungsroman – nicht zuletzt, was die Überzeugungskraft betrifft. Schließlich müssen wir unser Leben real leben. Da hilft uns nur, wer ebenso real gelebt hat.

Zweitens ist die ermutigende reale Erfahrung, die die Heiligen mit uns teilen, eine konkrete Hilfe. Ähnliche Lebensumstände und Herausforderungen verbinden uns mit bestimmten Heiligen ein Leben lang oder in speziellen Situationen besonders. Das stellt einen sehr realistischen Bezug her.

Drittens sind wir Menschen auf materielle, ideelle und spirituelle Weise miteinander verbunden und füreinander wirksam:

Wir können einander handfest helfen.

Wir können einander auch geistig beistehen. Allein die innere Zuwendung entfaltet schon ihre Wirksamkeit. Verliebten braucht man das nicht zu erklären – und vertrauten Ehepaaren oder guten alten Freunden nicht … (Die Tatsache dieser Verbundenheit und Wirksamkeit ist inzwischen mehrfach durch Untersuchungen statistisch signifikant belegt. Der Wirkmechanismus kann noch nicht erklärt werden. Er gehört aber zum Bereich der Natur.)

Wir können schließlich füreinander beten. Dabei spielt die innere Zuwendung eine Rolle. Das Eigentliche des Gebets ist aber eine Verbindung mit und durch Gott. (Damit sind wir im Bereich der Übernatur. Das ist also eine Frage des Glaubens.)

Die Liebe ist diese wirksame Verbindung. Wer glaubt, dass die Liebe stärker ist als der Tod, sieht diese Verbindung über den Tod hinaus. Wenn unser Glaube an eine jenseitige Vollendung stimmt, ist unsere Liebe im Himmel geläutert und gekräftigt – daher stellt sie eine noch stärkere Verbindung dar.

Können Heilige also direkt in unser Leben eingreifen? Wirken sie Wunder? Oder kann nur Gott selber Wunder wirken? Kann Gott überhaupt Wunder wirken?

Wir sind in einer geistlichen Gemeinschaft durch Gott verbunden. Wir können so füreinander eintreten. Auf diese Weise können auch die Heiligen im Himmel für uns bitten. Gott braucht zwar keine Vermittler, aber er hat uns die Möglichkeit eröffnet, mit ihm zu wirken, mit ihm füreinander dazusein. Wer unmittelbar bei ihm ist – also die Heiligen – lebt ganz aus dieser Wirklichkeit. Für uns auf Erden ist sie noch verhüllt und nur im Glauben zugänglich. Da ist es schon eine Hilfe, dass wir nicht alleine sind, dass Gott auf uns schaut und sich die Heiligen unser annehmen. So begleiten die Sehenden die Suchenden.

Auch das Gebet und die Fürsprache eines Heiligen heben natürlich die Freiheit niemals auf. Das Gebet ist keine magische Manipulation, sondern Zuwendung in Liebe (und daher notwendig in Freiheit).

Wie ist das also mit den Wundern? Ein Wunder ist als Eingreifen Gottes in unsere Wirklichkeit definiert – ein übernatürliches Ereignis, das in die Natur wirkt.

Wunder wirkt also nur Gott. Wir Menschen auf Erden und die Menschen im Himmel können Gott um sein Eingreifen bitten. Das übernatürliche Eingreifen ist alleine seine Sache. (Wenn man Gott nicht belästigen will, hilft es also nicht, sich an einen Heiligen zu wenden – die Bitte landet ja doch immer bei Gott … und der Bittende hoffentlich auch.)

Betont werden muss, dass ein Wunder ein übernatürliches Ereignis ist. Was naturwissenschaftlich noch nicht erklärt werden kann, ist noch lange kein Wunder. Weite Bereiche unserer Natur sind uns unbekannt und unerklärt. So wissen wir von 96 Prozent der Materie und

Energie im Weltall nicht einmal, welche Form und Gestalt sie haben könnten. Die herrschende Lehre zieht nur den Schluss, dass es sie gibt ... In diesen Bereichen wird die Naturwissenschaft voranschreiten. Dann gibt es aber Bereiche unserer Wirklichkeit, unserer Natur, die mit den Methoden unserer Naturwissenschaft wohl nie erfasst werden können – da ist noch nichts übernatürlich. Die Grenzen bestehender oder möglicher Modelle des Verstehens und Erforschens sind noch nicht die Grenzen der Natur.

Ich habe einige Menschen kennen gelernt, die über so genannte paranormale Begabungen und Fähigkeiten verfügten. Was sie erkannten und bewirkten, war kein Wunder, sondern bloß in seinem Zusammenhang naturwissenschaftlich noch nicht erklärbar. Ein Zeichen der Heiligkeit sind solche Begabungen nicht. (Einige haben damit Gutes bewirkt, ein paar haben aber auch schrecklichen Unfug getrieben.)

Aus dem Leben vieler Heiliger werden uns Wunder berichtet – Heilungen und Hilfe in Not zumeist. Wenn es Wunder sind, handelt es sich jeweils um ein Eingreifen Gottes auf die Bitte des Heiligen hin. Genau genommen ist jede echte mystische Erfahrung ein Wunder.

Es gibt aber auch Berichte von Prophezeiungen, unerklärlichen Einblicken in die Seele anderer Menschen oder Wahrnehmungen überirdischer Wirklichkeiten. So soll der heilige Severin dem Germanenfürsten Odoaker geweissagt haben, er werde das römische Reich besiegen. Der heilige Johannes Maria Vianney, der Pfarrer von Ars, habe oft die Sünden seiner Beichtkinder gekannt, noch ehe diese ein Wort darüber gesagt hatten. Die heilige Franziska von Rom soll ständig ihren Schutzengel gesehen haben. Es heißt sogar, sie habe in seinem Licht lesen können und keine Lampe gebraucht (eine nette Energie-Ersparnis ...). Sind das alles nur fromme Legenden, erbauliche Geschichten, um schlichte Gemüter geistlich zu erregen? Es gibt viel Wildwuchs und Unfug in diesem Bereich.

Die genannten Beispiele sind aber erstaunlich gut bezeugt. Sind sie Wunder? Wenn dahinter ein direktes Eingreifen Gottes steht – und das wäre denkbar –, dann sind es Wunder.

Es kommt aber auch vor, dass gerade aus der besonderen Vertrautheit mit Gott die natürlichen und übernatürlichen Gaben eines Menschen besonders gestärkt und hellsichtig werden – dass geschichtliche Zusammenhänge, seelische Zustände und normalerweise verdeckte Dimensionen unserer Wirklichkeit wahrgenommen werden. So etwas offenbart nur auf intensivere Weise das Wunderbare der Schöpfung und unserer Gottesebenbildlichkeit, ist aber kein Wunder im engeren Sinn.

Wie soll man sich das Einwirken Gottes denn überhaupt vorstellen? Ist es überhaupt vernünftig denkbar, dass Gott Wunder wirkt? Wenn wir glauben, dass Gott diese Welt geschaffen hat, kann man ihm wohl nicht absprechen, dass er weiter auf sie einwirkt. Wie das genau geschieht, wissen wir nicht. Wie aber Geist und Materie überhaupt zusammenwirken, dafür gibt es ohnehin nur Vorstellungen und Glaubenshaltungen. Beweisbare Mechanismen sind diesbezüglich nicht bekannt. Selbst wenn man in einer materialistischen Überzeugung die Konstituierung der Erfahrung von Geist (und darum kommen wir Menschen ja offensichtlich nicht herum) postuliert, ist das eine Glaubenshaltung. An diesem Punkt sind also alle darauf angewiesen, etwas zu glauben.

Wäre ein Eingreifen Gottes aber nicht eine Aufhebung unserer Freiheit – und damit ein Widerspruch zu dem, was uns Gott von sich geoffenbart hat? Dass wir, die wir in Beziehung zueinander stehen, auch aufeinander einwirken können, hebt ja unsere Freiheit noch nicht auf. Die Freiheit ist genau dafür da, dass wir wirklich und wahrhaftig in Beziehung treten können. So gesehen ist das Wunder geradezu ein Ausdruck unserer realen Beziehung zu Gott. Daraus folgt allerdings auch, dass Gott selbst durch ein Wunder unsere Freiheit nicht aufheben kann – sonst geriete er tatsächlich in Widerspruch zu sich selbst. (Deshalb empfiehlt es sich, ihn erst gar nicht um etwas zu bitten, was die Freiheit eines Menschen aufheben müsste.)

Warum wird denn eigentlich für die Selig- und Heiligsprechung eines Menschen (der nicht als Märtyrer des Glaubens gestorben ist) in entsprechenden Verfahren jeweils ein Wunder verlangt? Das Wunder wird als ein »Siegel Gottes« auf die Heiligkeit des betreffenden betrachtet. Dahinter steckt die Erfahrung der gläubigen Gemeinschaft, die in einem Menschen, in dessen Leben und Beispiel besondere Ermutigung und Orientierung im eigenen Leben aus dem Glauben erfährt. In dieser Erfahrung einer realen Verbindung über den Tod hinaus haben Menschen immer wieder Wunderbares und manifeste Wunder erlebt – so wurde jemand in der Verehrung des Volkes ursprünglich zum Heiligen. Als man diesem Vorgang eine rechtliche Ordnung zu geben versuchte, bemühte man sich, auch das Phänomen des Wunders ins System einzubauen.

Bei der konkreten Gestaltung des Verfahrens ist man in der neueren Zeit allerdings nach meinem Dafürhalten ein wenig in die Falle der Aufklärung und des naturwissenschaftlichen Weltbilds geraten. Daher werden heutzutage fast nur mehr Krankenheilungen, die gegen jede medizinische Erkenntnis geschehen, als Wunder anerkannt. (Allerdings hat man vor kurzem auch eine Rettung aus objektiv aussichtsloser Seenot in einem Seligsprechungsverfahren als Wunder proklamiert.)

Man meint, damit etwas naturwissenschaftlich Beweisbares in der Hand zu haben. Eine eigene medizinische Kommission prüft, ob die Heilung tatsächlich in einer über die Naturgesetze hinausreichenden Weise geschehen ist. Eine theologische Kommission untersucht, ob das Wunder in einem eindeutigen Zusammenhang mit der Anrufung des betreffenden Dieners Gottes geschehen ist – und ob das Ereignis Gott zugerechnet werden kann.

Ich meine, wir sollten uns beim Kriterium des Wunders nicht durch naturwissenschaftliche Beweisgrenzen einengen lassen. Was ist das größere Wunder: wenn jemand von einer unheilbaren Krankheit geheilt wird oder wenn jemand seine schwere Situation im Vertrauen auf Gott annehmen kann und so Erfüllung erfährt? Ist es nicht ein großes Wunder, wenn jemand sein Leben zum Positiven hin verändert, wenn jemand neuen Sinn im Leben erkennt, wen jemand zu Gott findet und so sein Leben für andere einsetzt? Ohne die wirksame Gnade Gottes ist das alles nicht möglich – so glaubt es die Gemeinschaft der Kirche.

Der Glaube selbst ist ein großes Wunder. Daher teile ich die Meinung, dass wir bei der Proklamation von neuen Seligen und Heiligen den Wundern des Glaubens mehr Beachtung schenken sollten. Das geschieht ja auch – allerdings nicht in dem eigenen Prozessteil über das Wunder (»super miro«), sondern in dem vorangehenden Teil über das Leben des Betreffenden (»super vita et virtutibus«). Es wird niemand wegen eines oder mehrerer Wunder selig und heilig gesprochen, sondern wegen seines zum Glauben ermutigenden, anspornenden und hilfreichen Lebens. Das Wunder wird dann, wie gesagt, nur als eine Art Unterschrift Gottes gesehen.

Das Fortwirken eines geistlichen Lebens, die Früchte der Neugestaltung vieler Einstellungen, der umfassenderen positiven Erkenntnis der Wirklichkeit und der Zuwendung zu Gott und den Menschen könnten aber durchaus als Wunder bewertet werden. Der Umstand, dass bei Märtyrern des Glaubens kein eigenes Wunder für Selig- und Heiligsprechung verlangt wird, weist uns da den richtigen Weg. Es ist dies nicht nur die ursprüngliche Form der Anerkennung als Heiliger. Es deutet darauf hin, dass das Martyrium als äußerster Einsatz aus dem Glauben in sich ein Wunder birgt.

Stellt sich aber damit nicht erst recht das Problem der Freiheit? Wenn ein Wunder das Einwirken Gottes ist, höbe dann ein solches Wunder des Glaubens nicht unsere Freiheit auf? Dann wäre ein solcher Glaube nicht freie Antwort, sondern »wunderbare« Verfügung. Nein, es bleibt dabei: Gott hebt unsere Freiheit nicht auf. Die Ereignisse des Glaubens brauchen das Wirken Gottes, sie brauchen aber auch unsere freie Antwort. Selbst an diesem Wunder lässt uns Gott mitwirken. Das ist das größere Wunder! Es entspricht unserem Verhältnis zu Gott. Denn dieses ist Dialog, Zusammenwirken und Vertrauen – weil sich nur so Liebe ereignet.

Das Wirken Gottes und derer, die ihn uns durch ihr eigenes gläubiges Vertrauen nahe bringen – also seiner Heiligen –, nur auf die Lösung von Problemen zu reduzieren, wäre eine arge Verkürzung unserer Beziehung zu ihm, ja eine Verdrehung der frohen Botschaft. Eine solche Sichtweise lässt den Umgang mit Gott (und miteinander) zu einer Technik oder geschäftlichen Praktik verkommen. Nach dem Motto: Mit welchen und wie vielen guten Taten, Gebeten und Opfern kann ich Gott eine erwünschte Leistung abkaufen oder abringen.

Ein blöder Witz macht das Absurde einer solchen Einstellung deutlich: Ein Dachdecker arbeitet auf einem Kirchturm, rutscht aus und fällt vom Dach. Im Fallen ruft er: »Heiliger Franz, hilf mir!« Und siehe da: Schon steht neben ihm in der Luft eine Lichtgestalt, hält ihn am Kragen und fragt: »Welchen heiligen Franz hast du denn gemeint?« »Den heiligen Franz von Assisi.« »Ich bin der heilige Franz Xaver«, antwortet die Lichtgestalt – und lässt den Kragen los …

Die Heiligen lassen uns aber genauso wenig fallen wie Gott. Sie wollen uns vielmehr helfen zu erfahren, dass wir immer in ihm geborgen sind, selbst dann, wenn wir nur mehr zu fallen meinen. Das Wichtigste ist nicht die Beseitigung von Problemen. Entscheidend ist es, dass wir uns auf Gott einlassen, uns ihm anvertrauen und mit ihm in seinem Geist wirken.

Wenn wir uns dazu helfen lassen, wird unsere Welt voller Wunder sein.

Lebensbild 8

Benedetta Bianchi Porro

(1936–1964)

Am 8. August 1936 wurde Benedetta als zweites von sechs Kindern des Ingenieurs Guido Bianchi Porro und seiner Frau Elsa in der Nähe von Forlì geboren. Im Alter von drei Monaten erkrankte sie an Kinderlähmung. Ein Bein blieb deswegen kürzer als das andere. Wenn sie später einmal von anderen Kindern als Hinkebein verspottet wurde und ihre Mutter die Spötter zurechtwies, meinte Benedetta nur: »Sie sagen doch die Wahrheit – ich hinke ja wirklich ...!«

Die Kindheit Benedettas fällt zu einem guten Teil in die Zeit des Zweiten Weltkrieges. Die Familie wechselt mehrfach den Wohnort, da sich das Kriegsgeschehen (der Vormarsch der Alliierten und der Rückzug der Deutschen) in ihrer Gegend abspielt.

Seit ihrem fünften Lebensjahr führt Benedetta auf Anregung ihrer Mutter ein Tagebuch. Vom Krieg ist dort kaum etwas zu lesen. Ihre Familie, die Spiele der Kinder und die Natur beanspruchen Benedettas ganze Aufmerksamkeit. Sie ist ein lebhaftes und intelligentes Kind. Manchmal zieht sie sich schweigend zurück und bestaunt die Natur. »Das Universum ist bezaubernd.

Wie schön ist es zu leben!«, schreibt sie schon bald in ihr Tagebuch. Immer wieder ist ihre kindliche Begeisterung aus ihren Zeilen zu lesen – ob sie nun die Enten badet oder ein geschorenes Schaf bedauert. Gelegentlich taucht ein Schatten der Angst und des Schmerzes auf: »Es ist heiß und ich bin schwach … Mama schimpft, weil ich zu wenig esse … Habe große Angst vor den Wespen gehabt …« – und immer öfter die Erwähnung von Schwäche und Kopfweh. »Ich will wie die anderen sein, vielleicht sogar mehr, ich möchte etwas Großes

Benedetta mit 11 Jahren

werden – wie viele Träume, wie viele Tränen, wie viel Sehnsucht ...«, schreibt sie.

Benedetta lernt gern und verbringt viele Stunden am Klavier. Sie überspringt zweimal eine Klasse.

Als sie kaum zwölf ist, muss sie ein Korsett tragen, um eine Verformung der Wirbelsäule zu verhindern. Sie fühlt sich dadurch in jeder Hinsicht eingezwängt. Im Jahr darauf beginnt ein fortschreitender Verlust des Gehörsinns. Manchmal sei der einzige Ausweg, so zu tun, als sei sie dumm und nicht taub, da die Taubheit verlacht werde, erzählt sie einer Freundin.

1951 zieht die Familie in ein Haus am Gardasee. Benedetta ist begeistert: »... weiß mit grünen Jalousien, eine Holzterrasse ... und weite, geräumige Zimmer, die einem das Gefühl der Freiheit geben ...« Sie liebt die Gespräche mit ihren Brüdern, interessiert sich schon für Politik, liebt den »Sport und lange Schwümme im See, die Stimmen, das Lachen, die Boote, die Leute und alles ...«

Es ist wohl mehr als eine pubertäre Verstimmtheit, wenn Benedetta schreibt: »... meine Seele ist erfüllt von einem schrecklichen Bedürfnis nach etwas Unbestimmtem, Fernem, Schweigendem – weg von der Welt und fern von allen.«

Die Ertaubung schreitet voran. Benedetta ist oft »voller Angst und Unruhe«. Mit 17 fühlt sie sich leer und verzweifelt. »Die Tage sind traurig und monoton, keine Neuigkeiten, kein Enthusiasmus, ein wenig resigniert und sehr unglücklich. Der See ist grau, der Himmel nebelig ... Ich komme mir vor, als sei ich in einem endlosen und monotonen Sumpf, in dem ich langsam, langsam versinke – ohne Schmerz und Bedauern, unbewusst und gleichgültig gegenüber dem, was geschieht – bis dann auch das letzte Stück Himmel über mir verschwindet und der Schlamm sich über mir schließt.« Diese grauen Gedanken verdichten sich zu ganz schwarzen Momenten: »Manchmal hätte ich Lust, mich aus dem Fenster zu stürzen.« Eine tiefe Sehnsucht nach Wahrheit bewegt Benedetta, aber eine profunde Skepsis plagt sie: »Ich sehne mich so sehr nach der Wahrheit, nur sie ersehne ich – aber niemand weiß irgendetwas ...« Benedetta hat Angst: »... ich fürchte, alles ist Illusion – und die Illusion macht mir mehr Angst als die Verzweiflung.«

In all den inneren Wirren und Ängsten besteht Benedetta im Alter von 17 Jahren die Matura. Auf Anraten ihres Vaters beginnt sie ein Physikstudium an der Universität Mailand, wechselt aber bald zur Medizin. Darin erkennt sie ihre Berufung. Unbedingt will sie die Hindernisse überwinden, um einmal als Ärztin tätig zu sein. »Ich will leben, kämpfen, mich für die anderen einsetzen.«

Inzwischen ist sie fast völlig taub. Sie unterzieht sich einer Psychotherapie, die gegen die Ertaubung helfen soll – ohne jeden Erfolg.

An der medizinischen Fakultät muss Benedetta mit Widerständen fertig werden. Bei der Gesamtprüfung über die ersten zwei Jahre bittet sie den Professor, ihr die

Fragen aufzuschreiben. Dieser schleudert wütend Benedettas Studienbuch in die Ecke und schreit, es habe noch nie einen tauben Arzt gegeben. Benedetta holt schweigend und mit Tränen in den Augen das Studienbuch, nähert sich dem Prüfer und sagt mit ruhiger Stimme: »Entschuldigen Sie bitte, Herr Professor, ich wollte Sie nicht beleidigen.« Ihrer Mutter antwortet sie auf die Frage, wie es bei der Prüfung gegangen sei: »Der Professor war gut zu mir, er hat mein Studienbuch nicht vernichtet ...« Auf Anordnung des Rektors darf Benedetta die Prüfung doch ablegen, besteht sie sehr gut und wird provisorisch für den zweiten Studienabschnitt zugelassen.

Ihre Studienfortschritte ermöglichen ihr, die neu auftretenden Symptome zusammen mit ihrer Ertaubung selbst zu interpretieren. Sie leidet an allgemeiner Neurofibromatose (Morbus Recklinghausen), einer timoralen Erkrankung des Nervengewebes, die sie allmählich aller Sinne berauben wird. 1957 steht die Diagnose fest.

Über die Jahre zieht sich eine Serie von Operationen hin, die allesamt keine Verbesserungen, manche aber drastische Verschlechterungen auslösen. Eine erste Operation am Kopf führt zu einer halbseitigen Gesichtslähmung.

Benedetta muss ihr Studium unterbrechen. Die Widerstände gegen sie als behinderte Studentin setzen sich auf mehr oder minder subtile Weise fort – »gute Ratschläge«, doch in einen anderen Studienzweig zu wechseln u.ä.

Benedetta gibt nicht auf. Sie beginnt wieder zu studieren und arbeitet in einem Laboratorium mit. Sie schafft die Pathologieprüfungen. Bei ihrer letzten Prüfung (Hygiene) im Juni 1959 fällt sie durch. Der Professor sei sehr kleinlich gewesen, meint sie. Sie werde eben nochmals antreten.

Wenige Wochen später wird sie am Rückgrat operiert – und ist danach an den Beinen gelähmt. Zunächst ist sie an den Rollstuhl gefesselt, die letzten mehr als vier Jahre ihres Lebens überhaupt ans Bett. Allmählich verliert sie den Geschmackssinn, den Geruchssinn und weitgehend auch den Tastsinn. Alle Zähne müssen ihr gezogen werden.

In dieser aussichtslosen Lage verzweifelt Benedetta nicht. Ein neues Licht erfüllt sie von innen. »Gerade als mir alles verloren schien: Gesundheit, Studium, Träume, Arbeit … – da ist ER gekommen und hat mich in den ärgsten Momenten der Angst und des Schmerzes getröstet und zärtlich berührt«, schreibt sie in einem Brief. »Früher empfand ich Jesus als ferne. Jetzt weiß ich, dass Gott wirklich überall ist«, teilt sie ihrer Mutter mit. »Ich glaube an die Liebe, die vom Himmel herabgestiegen ist, ich glaube an Jesus Christus und an sein Kreuz, ja, ich glaube an die Liebe.«

Diese innere Erfahrung der Nähe Gottes hebt aber ihre Leiden nicht auf. Die mystische Erfahrung ist kein Narkotikum, Spiritualität keine Droge. Die Nähe Gottes beglückt Benedetta – mitten in ihrem Schmerz.

Aber auch dieser Trost wird ihr nicht ständig ge-

Eine bildhübsche junge Dame: Benedetta im Alter von 20 Jahren

schenkt. »Manchmal wankt mein Geist – eine tödliche Wüste ... In gewissen Momenten bin ich voller Angst und Bitterkeit.«

Als furchtbarste Angst plagt sie der Gedanke, Gott wieder verlieren zu können. »Allmählich kehrten Heiterkeit und Frieden zurück. Ich habe die Stimme des Vaters wieder in mir vernommen! ... Es war ein wunderbares Gespräch!«

1962 kommt Benedetta Bianchi Porro mit einem Krankentransport erstmals nach Lourdes. Sie bittet um Heilung, weil sie in einen Orden eintreten möchte. Vor der Erscheinungsgrotte liegt neben ihr eine junge gelähmte Frau auf einer Tragbahre und weint verzweifelt. Benedetta tröstet sie, nimmt ihre Hand und ermutigt sie, um Hilfe zu beten. Wenig später steht diese junge Frau von ihrer Liege auf und kann wieder gehen. »Wir haben eine Wunderheilung erlebt«, schreibt Benedetta, »welche Aufregung, welche Freude! Die Barmherzigkeit Gottes ist ohne Grenzen!« Hat seine Barmherzigkeit nicht doch Grenzen? Muss sich nicht gerade Benedetta hinter der Grenze der Barmherzigkeit erleben? Wie mag es der Gelähmten ergehen, neben der eine andere Gelähmte geheilt wird? Auf jede Wunderheilung kommen Millionen Ungeheilte. Ist das Barmherzigkeit?

Leicht ist Benedetta das alles sicher nicht gefallen. »In Lourdes erlebte ich eine arge innere Trockenheit«, schreibt sie, »aber ich bin gestärkt im Glauben und in der Demut zurückgekehrt.«

Nur in der rechten Hand bleibt Benedetta der Tastsinn erhalten. Ihre Stimme wird immer schwächer. Aber sie ist keine gemiedene oder aus Mitleid besuchte Kranke. Ihre Freunde verbringen viel Zeit bei ihr. Da wird diskutiert, gelacht, gesungen und gebetet. Bis zu fünfzehn Personen drängen sich gleichzeitig in dem Zimmer. Viele junge Menschen kommen zu ihr und vertrauen Benedetta ihre Sorgen und Fragen an. Und jeder geht getröstet von ihr weg.

Benedetta schreibt zahlreiche Briefe, beantwortet viele Anfragen, publiziert sogar eine Kolumne in einer Zeitschrift. Von dem erbarmungswürdigen Kranken-

bett strahlt eine große Kraft des Trostes und der Anteilnahme aus. »Lieben heißt, in den anderen wohnen.«

Als man von ihr erwartet, dass sie jemanden wegen einer Verfehlung tadelt, nimmt sie nur dessen Hände und sagt, wie gut und arbeitsam sie sind. »Glaubt ihr, dass eine Zurechtweisung viel bewirkt?«, erklärt sie später. »Wenn jemand einen Fehler macht, lass' ihn umso mehr spüren, dass du ihn lieb hast – vielleicht ändert er sich so.«

Noch ein schwerer Schlag steht ihr bevor: Ihr Augenlicht schwindet. Ende Februar 1963 wird sie zweimal operiert – und danach ist sie blind. Nur mehr über ihre rechte Hand kann sie Informationen aufnehmen. Briefe, Bücher, Nachrichten und Gedanken aller werden ihr mit Fingerzeichen in die Hand geschrieben.

Anfang März 1963 scheint der Tod bevorzustehen. Doch dann tritt eine Besserung ein. Noch einmal bringt man Benedetta nach Lourdes. Ihre Familie betet inständig um ein Wunder. Auch diesmal wird Benedetta nicht geheilt. Sie aber spricht davon, dass sie ein Wunder erlebt hat: »Mehr denn je wurde mir der Reichtum meines Zustandes bewusst, und ich wünsche nichts mehr anderes, als ihn zu bewahren.«

Sie pflegt den Kontakt zu den Freunden, antwortet den Ratsuchenden. Aus der Dunkelheit der Sinne, die trotz ihres Glaubens und reicher innerer Erfahrungen auch für Benedetta phasenweise eine Nacht der Seele ist, strahlt ein befreiendes Licht in die Herzen der Menschen, die mit ihr in Berührung kommen. »Auch in den schrecklichsten Momenten ist das Leben wunderbar – daher erfüllt mich Dankbarkeit und Liebe zu Gott.«

Am 23. Jänner 1964 geht Benedetta Bianchi Porros irdisches Leben zu Ende. Sie denkt noch an den Medizinstudenten, der bitter geschrieben hatte, er sei unfähig zu lieben und zu glauben –, und bittet ihre Mutter, ihm auszurichten, dass sie ihn lieb habe.

Das letzte Wort Benedettas ist »Grazie« – Danke.

Immer wieder bewegen uns Bücher, Filme und allerlei Berichterstattung über Menschen mit Krankheiten und Behinderungen, die auf heroische Weise diese Belastungen besiegen und Triumphe im Sport, in der Kunst oder in den Wissenschaften feiern. Sie machen wohl auch vielen Menschen Mut.

Benedetta Bianchi Porro hat ihre Krankheit nicht besiegt. Sie hat auch innerlich ihr Leid nicht abschalten können. Sie macht denen Mut, die gemessen an den äußeren sinnlichen Kriterien scheitern. In allem ist ein Sinn, ja der höchste Sinn – Gott selber – zu finden.

Benedetta wurde buchstäblich aufs Wesentliche reduziert. Das Wesentliche ist die Liebe. Benedetta hat sie in der äußersten Ausgesetztheit und Lähmung intensiver erfahren denn je. Das war keine letzte Selbstschutzmaßnahme und milde Illusion eines gequälten Körpers. Benedetta war skeptisch genug, um eben diese Frage schmerzhaft genau zu erwägen.

Diese tiefe Erfahrung der Liebe strahlte Benedetta auch aus. Die Menschen, die ihr persönlich oder schriftlich begegneten, haben Trost und Ermutigung durch

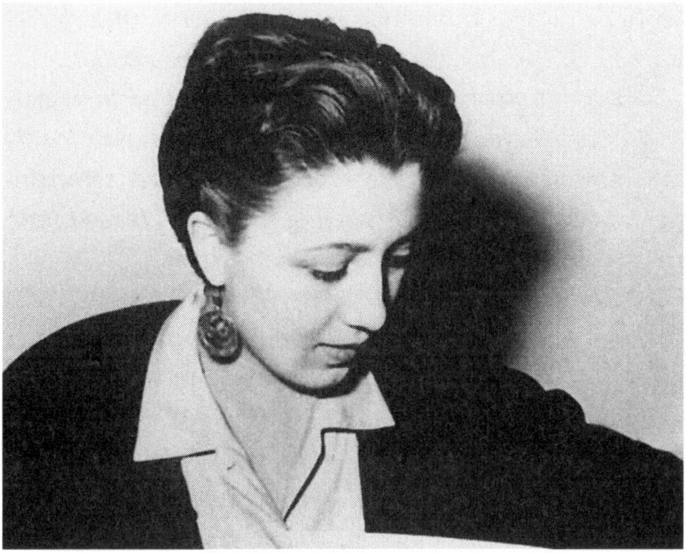

Gott gab Benedetta die Kraft, mit ihrem Schicksal zu leben.

eine unbegreifliche Liebe erfahren. Auch viele, die Benedetta Bianchi Porro nur aus Berichten über ihr kurzes Leben kannten, empfanden eine anteilnehmende Verbundenheit. Diese ist schon oft Ansporn geworden, die eigene Schwäche als Ort des Wunderbaren zu betrachten, sie in den Dienst der anderen zu stellen und sich die Nähe Gottes neu schenken zu lassen.

In unserer Zeit, die zum einen verzweifelt nach Sinn sucht, zum anderen diese Suche oft zynisch oder resigniert aufgegeben hat, ist Benedetta ein lebendiger Beweis dafür, dass es selbst unter drastischst reduzierten Bedingungen möglich ist, zu lieben und diese Liebe auszustrahlen.

Kapitel VII

Himmel!

»Mir hat man als Kind immer gesagt«, erzählte mir in einem der Gespräche über dieses Buch eine befreundete Theologin und Journalistin, »heilig wird man nur, wenn man ganz brav ist.« »Na und«, warf ich frech ein, »hat auch nichts geholfen!«, – schämte mich aber sofort und war sehr betroffen, als sie fortfuhr: »Nach der Beichte war ich immer völlig erschlagen – ich wusste zwar, dass ich keine Sünden mehr hatte, aber ich dachte mir auch: Ich schaff' das nie …« Ist doch das Gegenteil wahr. »Du kannst es schaffen«, sagt uns Gott, »wir schaffen es gemeinsam!«

Viel lockerer sieht das meine Nichte Anna. Als sie mir einen weihnachtlichen Werbespot vorspielte, in dem sie als Christkind verkleidet durch die Drogerie meines Bruders geht, bemerkte sie grinsend: »Schau, ich bin auch ein bisserl heilig, fast schon himmlisch.« (Da wäre mein frecher Einwurf angebrachter gewesen.) Flügel, Goldhaar und ein weißes Nachthemd – »himmlisch« (die kurz sichtbaren Turnschuhe aber nicht unbedingt …).

Was hat man sich nicht schon alles für Bilder vom Himmel gemacht. Meist geistert das märchenhafte Bild vom engelsgleichen Herumflattern und Auf-Wolken-Sitzen durch unsere Vorstellungen. Auch wenn wir drüber lächeln, werden wir es kaum je ganz los.

Brav und fromm herumschweben und eifrig Halleluja singen – das ist ja auch kein besonderer Ansporn zur Heiligkeit. Schon dem »Münchner im Himmel«, dem Engel Aloysius, wurde das bierlose Jubeln zu fad, und er nutzte einen Botenauftrag, um im Hofbräuhaus zu bleiben. Das war für ihn himmlisch. Damit ist diese Geschichte gar nicht so weit von den Bildern entfernt, die Jesus für das Himmelreich verwendet. Er vergleicht es immer wieder mit einem Hochzeitsfest oder einem Gastmahl.

Die Theologen haben die Beschreibung des Himmels natürlich auf abstraktere Höhen gebracht. Von der »visio beatifica« (der seligen bzw. beseligenden Schau) ist da die Rede. Als ich meiner ehemaligen Kirchenrechtsprofessorin sagte, mit dieser Vorstellung könne ich gar nichts anfangen, warf sie mir nur knapp hin: »… dann waren sie noch nie richtig verliebt!« Ja, damit hat der Himmel sicher mehr zu tun – mit unseren intensivsten Erfahrungen der Erfülltheit. Eine junge Mutter erklärte mir, sie wisse wohl, was die »visio beatifica« sei: Ihr Baby könne sie sich stundenlang beglückt anschauen (bei einem Mann sei ihr das aber noch nie passiert).

Mehrere Menschen haben mir ihre (zum Teil beklemmende) Angst vor der Ewigkeit anvertraut – eine unveränderliche Endlosigkeit erscheint ihnen als das ärgste aller Gefängnisse, selbst ein Glückszustand kann auf diese Weise unerträglich sein. Allerdings ist Ewigkeit nicht endlose Zeit, sondern sprengt die Dimension der Zeit, ist eher so etwas wie alle Zeit verdichtende Gegenwart. Aber unsere Vorstellung schafft es nicht, aus der Kategorie der Zeit auszusteigen – das bleibt abstraktes Denken. Da sind die Parabeln Jesu hilfreicher – und wahrer.

Je konkreter die Vorstellungen werden, desto klarer wird uns die Begrenztheit unserer Imaginationskraft in diesem Bereich.

Mit den Jugendlichen, die sich auf die Firmung vorbereiten, führe ich jedes Jahr auch ein Gespräch über das Jenseits. Dabei fragte mich einer der Teilnehmer, ob man aus dem Himmel wieder hinausgeworfen werden könne. Ob er sich einen Anlass für den Hinauswurf vorstelle, fragte ich zurück. »Na, wenn man etwas anstellt.« »Ja, was soll man denn im Himmel anstellen?« »Wenn man zum Beispiel dem lieben Gott die Haare färbt«, gab er zurück. Er stellte sich vor, dass er sich von hinten an den Thron Gottes heranschliche, und Gott im Schlaf die weißen Haare grün färbt. Er war beruhigt, als ich ihm versicherte, aus dem Himmel würde sicher niemand hinausgeworfen. Nicht ganz so glücklich war er darüber, als ich sagte, er würde im Himmel auch gewiss dem lieben Gott nicht die Haare färben – schon deswegen nicht, weil dieser kein alter Mann mit langem weißen Bart und weißen Haaren ist. Ich stelle mir aber vor, dass auch dieser fantasiereiche Bursche im Himmel seinen Spaß haben wird. Jedenfalls dachte er sich, er werde im

Himmel seinen Charakter nicht wesentlich ändern. Und unser Wesen, unsere Persönlichkeit, wird auch identisch bleiben. Wir werden nicht ausgewechselt, nur vollendet.

Früher sprach man häufig vom himmlischen Hofstaat – der Himmel als eine Art überhöhte königliche oder kaiserliche Hofhaltung. Manche bildliche Darstellungen geben ein ausgeklügeltes Zeremoniell und eine präzise Hierarchie wieder.

Im Appartement Papst Julius' II. hat Raffael die Sala della Signatura mit Fresken über die vier Wissenschaften zu einem der beeindruckendsten Punkte Roms gemacht. Die Theologie wird in der so genannten »Disputa« dargestellt.

Raffaels berühmtes Fresko über die Theologie: die so genannte »Disputa«

Auf der irdischen Ebene debattieren dort rund um den Altar, der das Allerheiligste trägt, Theologen, Philosophen und Künstler über die Gegenwart Christi im Altarssakrament.

Darüber eröffnet sich der himmlische Raum: Im Halbkreis sitzen da auf einer Wolkenbank große Gestalten des Alten und des Neuen Testaments abwechselnd nebeneinander – und die Gegenübersitzenden haben jeweils einen besonderen Bezug zueinander. In der Mitte thront erhöht Christus, flankiert von Maria und Johannes dem Täufer. Über Christus der Vater. Und unter ihm der Heilige Geist in Gestalt einer Taube.

Obwohl Raffael in seinen Bildern wie kein anderer vor ihm den Raum auftut und quer durch diesen Raum bewegte Beziehungen darzustellen vermag, wirkt der Himmel – trotz dichter symbolischer Verbindung der Dargestellten – eigenartig steif und fern. Das Leben scheint sich anderswo abzuspielen. Das hängt wohl mit dem starren, zeremoniell-hierarchischen Aufbau zusammen.

Existiert eine solche himmlische Hierarchie? Gibt es Ehrensitze in der Nähe Gottes? Aber jedenfalls gibt es doch »größere« und »kleinere« Heilige – Selige und Heilige?

Himmel ist das Sein bei Gott. Wer im Himmel ist, ist bei Gott – und zwar ganz und gar bei Gott, mit ganzem Wesen und ganzer Persönlichkeit. Da gibt es kein näher und ferner, da gibt es nur absolutes Erfüllt-Sein. Da wird die Allgegenwart Gottes in ihrer Unmittelbarkeit erfahren.

In Gott sind alle miteinander verbunden. Niemand verliert dabei seine Individualität. Die gesamte Geschichte jedes Menschen ist hineingenommen und bleibt lebendig.

Mehr als »ganz erfüllt sein von Gott« gibt es nicht. Die Frage nach größer oder kleiner wird sich daher im Himmel nicht stellen.

Wozu gibt es aber dann den Unterschied zwischen Heiligen und Seligen? Die Unterscheidung zwischen Seligen und Heiligen sagt nichts über deren himmlischen Zustand aus. Eine Selig- bzw. Heiligsprechung ist keine Vorrückung in der himmlischen Hierarchie.

Jeder Mensch, der im Himmel ist, ist definitiv heilig. Mit einer Seligsprechung stellt die Kirche von gewissen Menschen mit Gewissheit fest, dass sie im Himmel sind (was natürlich nichts über die anderen aussagt). Genau genommen erfolgt diese Feststellung schon während des Seligsprechungsprozesses – dann nämlich, wenn die Beispielhaftigkeit des Lebens eines »Dieners Gottes« (so werden die Seligsprechungs-Kandidaten bezeichnet) als erwiesen proklamiert wird.

Der praktische Unterschied zwischen Seligen und Heiligen ist ein liturgischer: Selige werden in den Gegenden und in den Gemeinschaften, die zu ihnen eine besondere Beziehung haben, öffentlich verehrt – das heißt vor allem, ihr Festtag wird eigens begangen und mit eigenen Messtexten gefeiert. Für Heilige geschieht

»Die Schule von Athen« – Raffaels Fresko über die Philosophie befindet sich vis-à-vis der »Disputa«.

dies auf der ganzen Erde. Der Grund dafür ist, dass manche ihre ermutigende und stärkende Wirkung in einem begrenzteren Umfeld entfalten und andere weltweit ansprechen. Üblicherweise entsteht zuerst eine lokale Verehrung, die sich dann eventuell global ausbreitet. Deswegen erfolgt zunächst der Seligsprechungsprozess, nach dessen Erfolg sich der Heiligsprechungsprozess anschließen kann.

Bei der Reform des Verfahrens hat man überlegt, nur mehr den Heiligsprechungsprozess beizubehalten – weil ja schließlich in den zwei Stufen niemand »heiliger« wird. Da die Strahlkraft der heiligmäßigen Menschen und ihrer Geschichte aber tatsächlich recht unterschiedlich ist, macht das zweistufige Verfahren durchaus weiterhin Sinn.

Allerdings gibt es – gerade in unserer globalen Informationsgesellschaft – Persönlichkeiten, die von Anfang an weltweit verehrt werden. Solche Menschen könnten gleich nach dem ersten Verfahren heilig gesprochen werden. Bei Mutter Teresa und Papst Johannes XXIII. hätte das durchaus gepasst (und man hat es im Vatikan offenbar auch erwogen).

Gegenüber der »Disputa« hat Raffael in der Sala della Signatura übrigens das Fresko »Die Schule von Athen« gemalt, auf dem die Philosophie dargestellt wird. Philosophen verschiedener Epochen bewegen sich dort frei im Raum – und ihre vielfältigen Beziehungen und Kontraste zueinander sind wahrzunehmen; sie beleben den Raum. Das Wehen des Geistes, der verbindet und unterscheidet, wird von Raffael sichtbar gemacht. (Raffael zitiert in diesem Fresko übrigens vielfach Leonardo da Vincis »Abendmahl«, das erstmals in den quer durchs Bild gehenden Beziehungslinien zwischen den Aposteln den Raum belebt – aber Raffael wagt den Schritt in die größere Weite.)

Ich habe den Eindruck, dass in der »Schule von Athen« mehr vom Himmel dargestellt ist als in der »Disputa« – zeitlos wirkende Persönlichkeiten in ihrer Individualität und Geschichtlichkeit, untereinander lebendig verbunden, bewegt und erfüllt vom Wehen des Geistes. Ein solcher Himmel ist wohl einladender als der eines steifen Zeremoniells.

Papst Johannes Paul II. hat wiederholt betont, dass auch die Kunst Glaubenswahrheiten vermittelt und tiefer in sie hineinführt. Das bringt auch eine Gestalt zum Ausdruck, die zu den bemerkenswertesten Seligen dieses Pontifikats zählt: Giovanni da Fiesole, besser bekannt als Beato Angelico – der große Maler des Übergangs von der Gotik zur Renaissance. Er wurde nicht im eigentlichen Sinn selig gesprochen, sondern sein Kult wurde anerkannt – wobei es kaum eine liturgische Verehrung für ihn gab. Es gab auch kein Wunder. Wir wissen über sein Leben sehr wenig. Um 1400 ist er geboren. 1417 tritt er einer Malergilde in Florenz bei. Als anerkannter Maler wird er etwa 1422 Mitglied des Dominikanerkonvents von Fiesole. Dort schafft er berühmte Werke: Eine »Verkündigung«, die von Michelangelo bewundert wurde (heute im Prado von Madrid), eine »Krönung Mariens« (heute im Pariser Louvre). Im Kloster San Marco in Florenz malt er einen berühmten Freskenzyklus. Er arbeitet für etliche Klöster, wird von Papst Eugen IV. nach Rom gerufen, arbeitet an den Fresken des Doms von Orvieto und schmückt die Kapelle Papst Nikolaus' V. mit seinen Fresken. Angeblich schlägt er das Angebot aus, Erzbischof von Florenz zu werden. Er wird Oberer des Konvents in Fiesole und stirbt 1455 in Rom. Was wir von ihm haben und wissen, ist eigentlich nur sein künstlerisches Werk. Und genau wegen dieses Werkes wird er als Seliger verehrt. Seit dem 16. Jahrhundert wird Giovanni da Fiesole »Beato Angelico« genannt (mehr gab es nicht an Verehrung). In seinen

Gemälde von Giovanni da Fiesole, genannt Beato Angelico

Bildern verbindet er innige mittelalterliche Frömmigkeit mit der neuen Dimension der individuellen menschlichen Würde. Beato Angelico lässt in seinen Darstellungen das göttliche Licht aus den Menschen strahlen.

Er verkündet den Weg der Nachahmung Christi als ein Ereignis ergreifender Tiefe und Schönheit. Er ist ein Mystiker der Kunst. »Wer Christus malen will, muss ihm auf Erden sehr nahe sein«, sagte er immer wieder. Seine Heiligendarstellungen atmen die Gegenwart Christi. Im Werk Beato Angelicos berührt die innige Zuwendung Gottes und der Menschen zueinander, beeindruckt die genaue Sorgfalt für die Realität und ergreift die neue Weite eines alles durchdringenden und belebenden Geistes. Da leuchtet der Himmel auf die Erde durch.

Bei aller Unterschiedlichkeit der Himmelsvorstellungen darf doch füglich angenommen werden, dass jeder gerne in den Himmel kommen möchte – wenn auch nicht sofort und wenn auch mitunter ungern eingestanden. Wer aber dächte nicht an einen Idealzustand, den er gerne dauernd erleben möchte?

Wie stehen denn unsere Chancen, tatsächlich ans Ziel zu gelangen? Diese Frage hat Anlass zu allerlei Berechnungen gegeben. Im Mittelalter scheint die Überzeugung weit verbreitet gewesen zu sein, nur etwa zehn Prozent der Menschen würden gerettet werden; die restlichen neunzig Prozent würden als Masse der Verdammten, als »massa damnata« in der Hölle landen. Das wäre gewiss kein besonderer Erfolg des Projektes Schöpfung.

Eine der großen Veränderungen, die das II. Vatikanische Konzil mit sich brachte (vielleicht die tiefgreifendste), ist ein neuer Optimismus im Hinblick auf den Himmel. Der große Konzilstheologe Hans Urs von Balthasar greift sogar die Vision von einer leeren Hölle auf. Er führt mit faszinierender Klarheit aus: Wir Christen müssen zumindest hoffen, dass alle Menschen zu Gott gelangen. Eine Hoffnung auf die Verdammung auch nur eines Menschen widerspräche dem Willen Gottes, der als Mensch sein Leben hingegeben hat, damit allen Menschen der Himmel offen steht. Die Kirche hat mit ihrer Autorität von Abertausenden Menschen festgestellt, dass sie im Himmel sind, aber von niemandem definitiv ausgesagt, er sei in der Hölle.

Das II. Vatikanische Konzil hat auch betont, dass alle Menschen zur Heiligkeit berufen sind. Es gibt keine »heiligeren« Stände und Lebensformen. Es gilt, dem persönlichen Weg zu folgen, der ein Ruf Gottes ist.

Diese Botschaft des II. Vatikanum hat Papst Johannes Paul II. mit einer großen Zahl konkreter Beispiele unterstrichen – etwa 1800 Heilig- und Seligsprechungen. Gelungene Beispiele machen Mut zur Nachahmung.

Die Heiligen machen uns den Himmel konkret. Wie es dort aussieht, wissen wir nicht. Aber wir wissen einiges darüber, wer dort ist. Sicher ist das bei den Heiligen. Durch sie können wir uns ein plastisches und farbiges Bild vom Himmel machen – wer aller dort ist und seine Persönlichkeit und seine Erfahrungen mitbringt. Himmel ist ja im Wesentlichen Beziehung (zu Gott und den Menschen). Die Heiligen sind anschauliche Punkte im Netz der himmlischen Beziehungen.

Mit diesen »Himmelsbewohnern« können wir gedanklich und spirituell in Verbindung treten. Sie blieben auch im Himmel Menschen. (Entgegen mancher gebräuchlicher Wendungen werden wir selbst nach dem Tod keine Engel. Es ist uns sogar eine Vollendung mitsamt unserem Leib zugesagt – wir werden also nie »reine Geister«, unsere Identität und unsere Geschichte bleiben bestehen.)

Bei der Arbeit an diesem Buch sind mir einige Heilige, Selige und Verehrungswürdige neu oder auf neue Weise nahe gekommen. So manches in ihrem Leben hat sich mir anschaulicher dargestellt, hat mich berührt, nachdenklich gestimmt oder angespornt. Wiederholt erlebe ich gerade in diesen Tagen des Schreibens, wie die alten und neuen Heiligen und ihre Geschichte vielen Menschen Mut machen:

Da findet jemand Halt an der Unbestechlichkeit des Klaus von der Flüe, auch wenn er die korrupten Mitrichter nicht aufhalten konnte. Ein anderer orientiert sich an Bruder Klaus' Entschlossenheit, den Willen Gottes zu erfüllen, auch wenn die Familie dagegen protestiert. (Einige, die es offenbar besser wissen, versichern mir aber immer wieder, Klaus hätte alles auch tun können, ohne seine Familie zu verlassen. Woher sie das wissen, weiß ich nicht.) Wenn ich mir sein Ringen und die Folgen seiner Entscheidung anschaue, bin ich mir sicher, dass er einem Ruf Gottes folgte.

So manchem Querkopf schenkt Philipp Neri nicht bloß Erheiterung und Ermutigung. Ich durfte auch miterleben, wie jemand an Philipps Lebensgeschichte ein gutes Stück tiefer in seine eigene Geschichte hineingeführt wurde – und sie bejahen konnte. Mich betrifft seine Bescheidenheit, die gerade in seiner Bereitschaft, sich selbst lächerlich zu machen, zum Ausdruck kommt.

Fast alle wirklich starken Frauen, die ich kenne, fühlten sich mit Theresia von Avila verschwestert, sobald sie von den Leidenschaften, den inneren Bewegungen und den äußeren Kämpfen Theresias erfuhren. Ich fühle mich von ihrem herzhaft-direkten Umgang mit Gott belebt und angespornt.

Die Zuwendung Mutter Teresas zu den Ärmsten berührt selbst die Wohlhabenden. Mehrfach hörte ich auch, wie sich Menschen dadurch in ihren eigenen armseligsten Momenten angenommen fühlten. Oft habe ich inzwischen erfahren dürfen, wie die lange innere Trockenheit und geistliche Einsamkeit Mutter Teresas Menschen neuen Mut gibt, die meinen, ihr Gefühl für Gott sei verkümmert, und sie könnten nicht glauben. Ich war einen Tag lang ganz aufgewühlt, als ich von der langen mystischen Nacht Mutter Teresas erfuhr. Geradezu fassungslos stehe ich vor der Größe des Glaubens, der angesichts einer solchen Kreuzeslast zum Ausdruck kommt – und ich erlebe, wie dieses Beispiel innere Wunden heilt.

»Das kenne ich. Darum bemühe ich mich auch«, sagte mir jemand, dem ich vom Ehepaar Beltrame Quattrocchi erzählte. »Dann siehst Du ja, dass Du auf dem besten Weg bist«, konnte ich nur antworten. Mich fasziniert an den beiden (gewiss nicht ganz unproblematischen) Persönlichkeiten, wie sie sich gegenseitig ergänzten, anregten und einbremsten – die haben sich wirklich gegenseitig zur Heiligkeit geführt.

Die Geschichte der Benedetta Bianchi Porro lässt niemanden unberührt. In einer ersten Reaktion darauf relativiert mancher seine eigenen Sorgen. Allgemein ist aber das Staunen über die Liebe zum Leben selbst in der ärgsten Einschränkung – und in diesem Staunen steckt schon ein Mitempfinden der Lebensbejahung.

»Der hat ja nichts anderes getan, als seine Mittel gut eingesetzt«, bemerkte eine Frau zum Leben Ladislaus Batthyány-Strattmanns. »Ja, sehr gut eingesetzt – und sehr großzügig«, erwiderte ich. »Und das ist heilig?«, fragte sie. »Ja, so konkret helfend auf Gott zu vertrauen, das ist heilig – Du siehst, Du hast noch alle Chancen.«

Ich kenne viele Menschen, die fasziniert von der tiefen Frömmigkeit und der Persönlichkeit Kaiser Karls von Österreich in seinem Sinn täglich um den Frieden beten. Mich beeindruckt seine gläubige Demut, in der er sein Amt übernommen hat, in der er den Willen Gottes suchte, und in der er auch Exil, Scheitern und Sterben als Teil seiner Lebensaufgabe vertrauensvoll annahm. (Wenn ich mir nur denke, wie ärgerlich mich manchmal schon kleine Widrigkeiten machen ...)

So ist für mich so manche Beziehung zu Heiligen wieder lebendiger und der Himmel etwas bunter geworden.

Die Verbindung zum Himmel beleben für mich aber nicht nur Menschen, die heilig oder selig gesprochen wurden. Ich verehre persönlich auch Verstorbene, die mir nahe stehen und bei denen ich sicher bin, dass sie bei Gott sind. So trete ich oft in innere Zwiesprache mit zwei Frauen, denen ich sehr, sehr viel verdanke: meiner Großmutter und meiner Kirchenrechtsprofessorin. Beide waren gescheite, tapfere und humorvolle Frauen, die halfen, die Stellung nahmen und die Erfahrung teilten. Beide haben mir die Gegenwart, die Vielfalt und die Liebe Gottes näher gebracht. Ich kann mich an ihnen orientieren. Ich bitte sie auch immer wieder um ihre Fürsprache – und erfahre Hilfe.

Das tiefe innere Gespür für die Anwesenheit Gottes, das jenseits jedes Gefühls und allen Verstandes liegt, schenkt Gott selbst. Er vermittelt und bestärkt es aber durch Menschen. Dabei spielen die Heiligen oft eine besondere Rolle. In ihrem Leben haben sie die Nähe Gottes unter den verschiedensten Bedingungen gesucht und aus dem Glauben daran gehandelt. Im Himmel erleben sie nun diese Wirklichkeit ganz und gar. Sie öffnen uns einen Blick in den Himmel.

Kann denn jemand, der wirklich an den Himmel glaubt, etwas anderes wollen, als möglichst bald dorthin zu gelangen? Ist nicht jedes Zögern in diesem Streben nur mangelndes Gottvertrauen und Unglauben? In der mystischen Erfahrung gibt es eine Phase, in der der Wunsch zu sterben, um ganz bei Gott zu sein, dominiert. Dann aber folgt die Erkenntnis, dass die innigste Verbindung mit Gott auf Erden darin besteht, wie er zu leben und für die anderen da zu sein. Dadurch wird besser wahrnehmbar, dass er auch hier schon ist.

Wir dürfen hier auf Erden den Himmel vorverkosten – indem wir Gott in allem suchen und finden. Wenn selbst das letzte Dunkel als von seiner Anwesenheit erfüllt erkannt wird, wenn auch die äußere Trennung des Todes als lebendige Verbindung erlebt wird, dann ist der Himmel endgültig und immerwährend offen.

In dieser gläubigen Hoffnung macht Gott uns Menschen heilig – aus Liebe, die wir mit ihm leben.

Das klingt ja alles sehr schön. Ich glaube auch daran. Aber würde ich heute auf die Frage meines damaligen Studienkollegen – »Willst Du ein Heiliger werden?« – spontan und vorbehaltlos mit Ja antworten? Ehrlich gesagt: Ganz spontan käme mir ein Ja nicht über die Lippen.

Eine positive Antwort käme nicht ohne Nachdenken und einen gewissen Willensaufwand zu Stande. Ich glaube zwar, dass es unsere Aufgabe und unser Ziel ist, heilig zu werden. Ich wünsche mir ja auch, dass mein Leben endgültig glückt.

Aber ich weiß auch, dass mit größeren Schwierigkeiten zu rechnen ist. Die bleiben einem allerdings in keinem Leben erspart. Da ist es sicher klüger, sie bewusst anzunehmen. Diese Einsicht hebt die inneren Widerstände aber nicht gleich auf. Und dann nagt doch der eine oder andere Zweifel, ob ich es denn wirklich schaffen kann.

Ich muss mich also entscheiden, ob ich Gott glaube, der uns zusagt, dass wir es schaffen können, dass wir es mit ihm zusammen schaffen werden. Und diejenigen, die sich mit bemühen, sind eine Ermunterung. Die es schon geschafft haben, erfüllen mich mit einer Faszination, die das Herz weit macht.

Die Frage »Willst Du ein Heiliger werden?« fordert mich immer wieder neu heraus. Ich versuche dann eine pragmatische Antwort: »Schau'n wir einmal, was ich zu Stande bringe.« Aber das war nicht die Frage. Will ich es wirklich – vorbehaltlos?

Spontan und ohne Zögern kommt mein Ja noch nicht. Aber eines merke ich doch: Ich habe den Wunsch, diesen Wunsch zu haben. Daraus lässt sich wohl etwas machen.

Und wie schaut das bei Ihnen aus?

Danke

Im Zusammenhang mit der Entstehung dieses Buches ist es mir ein Anliegen, meinen besonderen Dank zum Ausdruck zu bringen. Er richtet sich an *Georg Markus*, von dem die Idee zu diesem Buch – und sein Titel – stammen; *Dr. Herbert Fleissner*, der gegen meine Bedenken darauf bestand, dass ich dieses Buch schreiben sollte, und nicht nachließ, bis ich nachgab – und der schließlich das wirtschaftliche Risiko dafür trägt; *Gerhard Tötschinger*, der uns zusammenbrachte; *Mons. Sandro Corradini*, dem Promotor Fidei der Kongregation für die Heiligsprechungsverfahren, der mit mir einige sehr aufschlussreiche Gespräche führte und mir exzellente Quellen eröffnete; meinen Brüdern *Erich* und *Herbert* sowie *Bernadette Spitzer*, die die Entstehung dieses Buches liebevoll-kritisch begleiteten; *Dr. Fritz Popp*, der den Text fortlaufend lektorierte und meine Tipp- und Denkfehler beinahe rascher korrigierte, als ich sie machen konnte … und an die vielen Ungenannten, mit denen ich interessante Gespräche zum Thema Heiligkeit geführt habe.

Verwendete Literatur

Christian Feldmann, *Gottes sanfte Rebellen. Große Heilige*, Basel: Herder, 1994

Otto Wimmer/Hartmann Melzer, *Lexikon der Heiligen und der Namen*, Hamburg: Nikol, 2002

John N. D. Kelly, *Reclams Lexikon der Päpste*, Stuttgart: Reclam, 1988

Antonio M. Sicari, *Ritratti di Santi*

–, *Nuovi ritratti di Santi*

–, *Il terzo libro dei ritratti di Santi*

–, *Il quarto libro dei ritratti di Santi*

–, *Il quinto libro dei ritratti di Santi*

–, *Santi del nostro tempo*

Milano: Jaca Book, 1987–2001

Fabijan Veraja, *Le cause di canonizzazione dei Santi*, Città del Vaticano: Libreria Editrice Vaticana, 1992

Andreas Resch, *I Beati di Giovanni Paolo II, Vol. I–III*, Città del Vaticano: Libreria Editrice Vaticana, 2000–2002

Register